〈白バラ〉抵抗運動の人たちのレリーフ

ミュンヘン大学構内のリヒトホーフの壁にはめ込まれている。上段左からヴィリー＝グラフ，フーバー教授，ハンス＝ライペルト，中段左からクリストフ＝プロープスト，アレクサンダー＝シュモレル，下段左からハンス＝ショル，ゾフィー＝ショルの計７人の名前が見える。

「白バラ」

――反ナチ抵抗運動の学生たち

・人と思想

関　楠生 著

124

CenturyBooks 清水書院

はじめに

ナチ独裁権力に対するミュンヘン大学生たちの抵抗運動、〈白バラ〉の名を私が初めて耳にしたのは、もう四〇年ほど前のことである。そのきっかけは、留学先のミュンヘン大学前に、ルートヴィヒ通りをはさんで向かい合うショル兄妹広場とフーバー教授広場だった。それからどれくらいあとのことになるのか、もうはっきりした記憶はないが、インゲ＝ショルの『白バラ』をフィッシャー双書の一冊で読んだ。今のとは違う表紙で、黒地に五弁の白い花が一つ浮き出しているのが印象的だった。帰国したときにはもう、その翻訳が出ていた。『白薔薇は散らず』がそれである。かならずしも抵抗運動の主役たちを英雄視する読みかたばかりではなかったようだが、この本はドイツだけではなく、日本でもよく読まれ、以来〈白バラ〉の名は特に若い人たちの間で広く知られるようになった。インゲ以後、ドイツで〈白バラ〉関係の本が何冊も出版され、その一部は日本語にも翻訳されていることについては、巻末の参考文献の表を見て頂きたい。なお、一九八二年にはミヒャエル＝フェアヘーヴェン監督の映画〈白バラ〉（日本での題名は〈白バラは死なず〉）が制作、公開されたことをつけ加えておこう。

目次

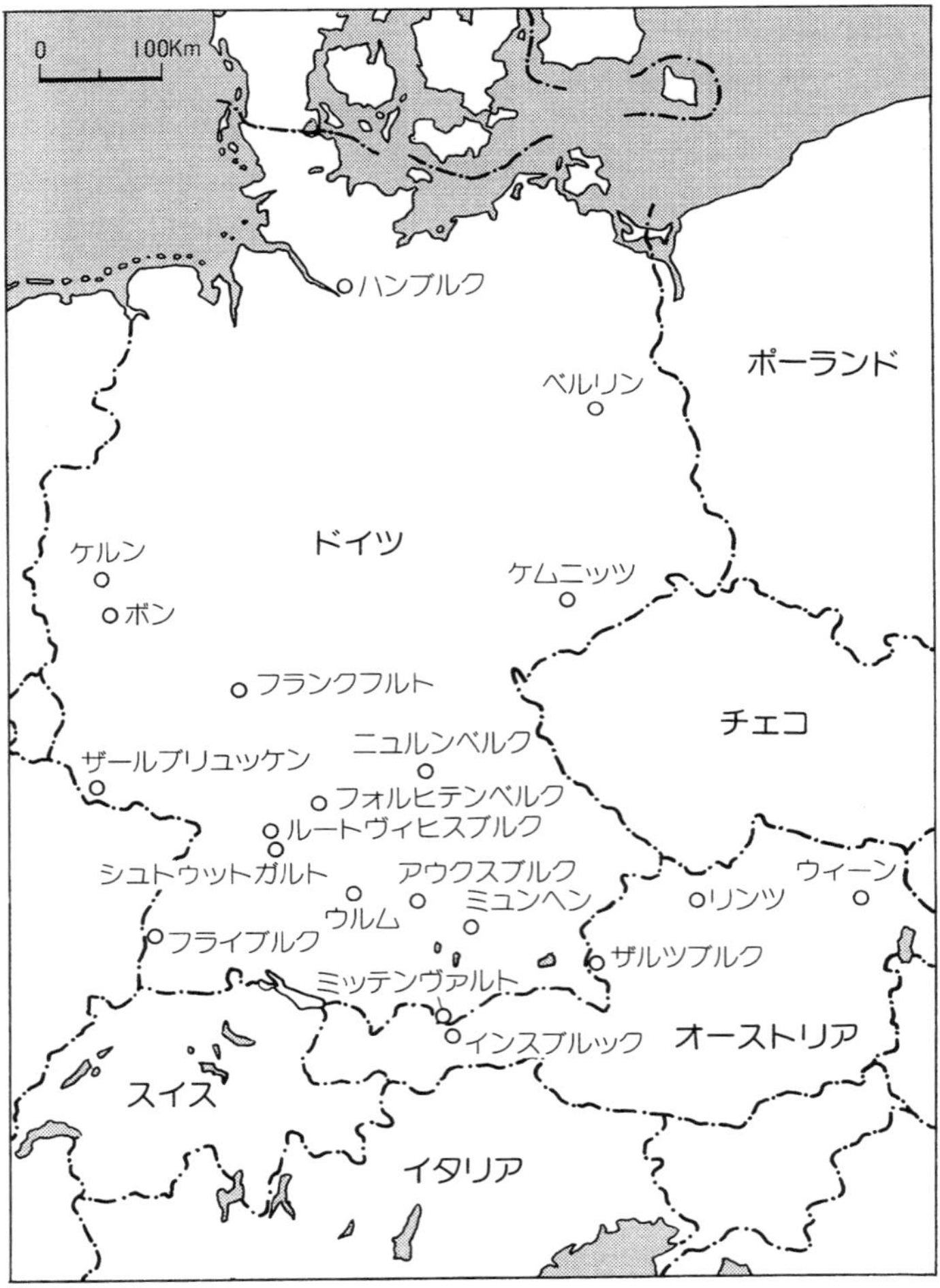
0
100Km
ハンブルク
ポーランド
ベルリン
ドイツ
ケルン
ボン
ケムニッツ
フランクフルト
チェコ
ニュルンベルク
ザールブリュッケン
フォルヒテンベルク
ルートヴィヒスブルク
シュトゥットガルト
アウクスブルク
ウィーン
ミュンヘン
リンツ
ウルム
フライブルク
ザルツブルク
ミッテンヴァルト
インスブルック
オーストリア
スイス
イタリア

〈白バラ〉関連地図

I

抵抗運動の学生たち

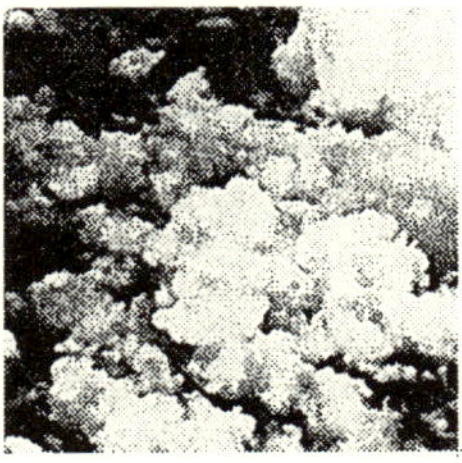

〈白バラのビラ〉出現

一九四二年の六月、七月といえば、ドイツにとってどういう時期だったのか。

一九四二年のドイツ

ナチ−ドイツ軍のポーランド侵攻によって始まった第二次世界大戦も四年目を迎え、独ソ戦が開始されてからちょうど一年たつ。ロンメル将軍のひきいる戦車軍団は北アフリカで赫々たる戦果をあげ、東部戦線ではドイツ軍の攻勢に、ソ連軍はスターリングラードとドン川下流に総退却するという、ナチ−ドイツにとって最後の、一見華々しい時期だった。しかし、前年末までは主として軍事施設に向けられていた連合軍の爆撃が、夜間、住宅地域にも向けられるようになって、五月三〇日夜、ケルンは一〇〇〇機を以てする連合軍の絨毯爆撃で徹底的に破壊され、さらにブレーメン、マインツ、デュッセルドルフその他の都市も同じ運命に遭い、アウクスブルク、ニュルンベルク、ミュンヘンにまで空襲の手がのびた。空相ゲーリング、宣伝相ゲッベルスの唱えるドイツの空の不可侵、ドイツ空軍の不敗も、空論に終わったのである。四月初めに食糧割当てが大幅に減らされていたこともあって、国民の気分は悪化していた。

そういう時期、もはや、その日を特定することはできないが、一九四二年六月一五日から二〇日までの間のことであったろうと考えられる。

郵送されたビラ

インゲ＝ショルの『白バラ』（邦訳『白薔薇は散らず』）によれば、「〔ミュンヘン〕大学で信じられないことが起こった。〔反ナチ抵抗運動の〕ビラが手から手へと渡されたのである。謄写器で刷ったビラであった。学生たちの間に、奇妙な興奮が起こった。勝利感と感激、拒否と憤激が入り乱れて波打ち、くすぶった」。

インゲは大学でビラが直接学生たちに手渡されたことしか記していないが、その頒布は郵送の手段によっても行われた。六月二七日から七月一二日までの間に、ミュンヘン在住の教師、医師、法曹、公務員、旅館・飲食店の主人らにそのビラが送られたのである。それは、ビラの作製者である二人のミュンヘン大学医学部学生、ハンス＝ショルとアレクサンダー＝シュモレルの知人及び、電話帳から無作為に抽出された人々だった。飲食店の主人たちが選ばれたのは、彼らの口から客に伝えてもらいたいと考えたからである。封を切ると、〈白バラのビラ〉と上書きされた謄写版刷りのビラが入っていた。

そのビラは、抑えた、教えるような口調で書き始められる。「無責任な暗い衝動に身を委ねた支配者の徒党に、抵抗もせずに統治を許すことほど、文化民族にとってふさわしからぬことはない」。

タイプで打たれたビラは約八〇〇語で、アピールというよりはむしろ論説あるいは論争的な分析の性格をもっていた。たしかに中ほどで、「各個人はこの最後の時にあたり、キリスト教的、西欧的文化を担う一員としての責任を自覚して、できるかぎりの抵抗を試み、人類の鞭（ヒトラーのこと）に抗し、ファシズム及びそれに類似する一切の絶対国家の組織に抗して活動しなければならない。パッシヴな抵抗を行え——抵抗を。諸君がどこにいるかを問わず、この無神の戦争機械の運転を妨げよ。時期を逸せぬうちに、最後の諸都市がケルンと同じく廃墟と化さぬうちに。そしてまた、民族の最後の青年が一人の非人間の思い上がりのためにどこかで血を流すに至らぬうちに。どの民族もみずからの許容する政府にふさわしいことを忘れてはならない」と、抵抗が呼びかけられる。

しかしそれを受けて、シラーの〈リュクルゴスとソロンの立法〉から引用が行われる。リュクルゴスとは、古代ギリシャの一都市国家スパルタの立法家である。シラーは彼の立法を論じて、「国家自体は決して目的ではなく、人類の目的を達するための一つの条件として重要であるにすぎない。そして人類のこの目的とは、人間の持つあらゆる力の養成、進歩にほかならない」と説き、「〔リュクルゴスの、すなわちスパルタの〕国家は、民族の精神が停滞しているならばという唯一の条件のもとにおいてのみ、存続することができるであろう。従ってこういう国家は、国家たるものの最高にして唯一の目的を逸することによってのみ、維持され得るであろう」と結ぶ。ビラの意図は、ナチ体制の支配するドイツを、非人間的なきびしさが原因となって没落するスパルタになぞらえることにあった。

この、かなり長いシラーの引用のあとに、ゲーテの〈エピメーニデスの目覚め〉がくる。エピメーニデスは紀元前六〇〇年ごろアテナイで活躍したといわれる預言者で、伝承によれば五七年間洞窟の中で眠りつづけたという。ゲーテの作品は、ナポレオンからの解放戦争に対する自分の生ぬるい態度への悔いを託したもので、その引用、「深淵から厚かましくも立ち昇ってきたものは、非情の運命によって世界の半ばを征服することができる。しかし、それはまた深淵へと戻らねばならない。すでにして巨大な不安が迫り、抵抗も無益であろう！　そしてなお、それにしがみつく者は、すべて共に没落しなければならない」という精霊たちの声は、本文の「誰もが他人の始めるのを待つならば、復讐の女神ネメシスの使者は止めがたく身辺に迫り来り、しかるのちは、最後の犠牲も飽くことのない悪霊の口の中へ無意味に投げ込まれることになろう」と照合して読まれねばならないこのゲーテの作品からの抜粋は、すでに一九四二年一月一七日にウルムの両親にあてたハンスの手紙の中に見出される。ただしこのときは、うろ覚えだったのであろう。字句が少し違い、これはまたどうしたことか、エピメーニデスがパルメニデスと誤記されている。それはともかくとして、アカデミックな語法にもかかわらず、このビラのそこここに書き手の情熱がほとばしり出ているのが感じられる。

たとえば、「ひとたびわれわれの目からヴェールが落ちて、一切の尺度を無限に越える残忍きわまる犯罪が白日のもとにさらされるとき、われわれとわれわれの子孫の上に落ちかかるであろう汚名のはなはだしさを、われわれの誰に予感することができよう？」あるいは、「今日のドイツ人はむしろ、浅薄で無意思の追随者の群れであるかの如くである。一見そう思われるが、事実はそうではない。むしろ各個人は、徐々に欺瞞的、組織的な暴力を加えられて精神的な牢獄に押し込められ、縛りあげられてそこに横たわったとき、初めておのが宿命を意識したのである」

ビラの衝撃

この〈白バラのビラ〉第一号（ここに使われたビラ〔Flugblätter〕という語は複数であるから、後続を示唆する）は、ゲーテ、シラーの引用ののち、「このビラをできる限り多く複写して広く配布されんことをお願いする！」という要請を以て閉じられる。この、反ナチ抵抗を呼びかけるビラを受け取った人たちのほとんど誰一人として、最近九年間にこの種のビラを手にしたことがなかった。一九三三年にヒトラーが政権を握った直後に反ナチのビラが撒かれたことはあったが、それは郵送されてきたものではなかった。ビラの内容に同感する人はすぐに、これは何かの罠ではないかという疑いを抱いた。これはゲシュタポ（秘密国家警察）のしわざで、ビラをすぐに届け出るかどうかをうかがっているのではないか。届け出なければ、書かれている内容に賛成ということで、ビラの作製者と同罪にされ、すぐに逮捕されて裁判にかけられる、と。しかし、文章をていねいに読んでみれば、罠ではあり得ないことが分かった。ゲーテ、シラーの引用はあまりにアカデミックであるし、文章のスタイルは格調が高く、とうてい粗野で無学のゲシュタポの手によるものとは思えなかった。しかし、どうして、ほかならぬ自分のところにこんなものが送られてきたのか？　誰とも知れない発信人は、どこからアドレスを手に入れたのか？　考えてみれば、分からないこと、不安に駆られることばかりだった。誰か見ている者はいないかと、そっとあたりを見回しながらビラをしまい込んだ人も少なくなかったようである。

しかしまた、ビラの最後に書かれた呼びかけに従った人々たちもいた。彼らはビラをひそかにタイプして配った。作家ヴェルナー＝ベルゲングリューン（一八九二―一九六四）もそういう人たちの一人であった。「私は……カール＝ムートの家で会った学生ハンス＝ショルが……あの白バラのビラを書いた人とは知らなかった。妻と私はそのビラを夜の間にタイプして、配る相手を慎重に選び出し、自転車で市内に持って行って（ベルゲングリューンは郊外に住んでいた）、あちらこちらの郵便配達区域の郵便受けに配って歩いた」。

一方、もちろん、臆病風に吹かれた人たちは、すぐに党の出先機関かゲシュタポに届け出た。体制派、党に忠誠を誓う人たちは反対に、〈ボルシェヴィキの撹乱工作〉かもしれないと疑った。しかし、このビラからは、およそ、左翼的なにおいはしてこなかった。本文はともかく、ボルシェヴィキがゲーテやシラーを引用するはずもない。届け出を受けたゲシュタポは、ビラを一見して、配布の形式と文章のスタイルに驚いた。戦争の成り行きが思わしくないようになり始めてから、家々の壁や電話ボックスなどに簡単な反戦、反ナチの文句が書きつけられることはたしかにあった。ビラも、コピー用の鉛筆かゴム判で短いスローガンを書き込んだものが、にぎやかな場所におかれたり、貼り出されたりするだけだった。これなら比較的容易に取り締まりができる。ところが、郵送というのはそれまでに用いられたことのない方法で、捜査側もいささか虚をつかれた観は否めなかった。

ビラの筆者は

筆者のハンス＝ショルとアレクサンダー＝シュモレルは誰にも秘密を打ち明けないでいたが、親しい仲間うちにはやはりそれと悟る者がいた。ハンブルクでシュモレルと知り合い、そのあとミュンヘン大学医学部にやってきた女子学生トラウテ＝ラフレンツは、のちに次のように回想している。

「六月の初め、私の下宿先に、郵便で白バラの第一号が送られてきた。本文、文章構造、おなじみのゲーテや老子からの引用を見て、私はすぐに、このビラが〈われわれ〉の手で書かれたに違いないことを悟ったが、まだハンスが自分でやったのかどうかは疑っていた」（老子からの引用は第二号にあり、六月初めという日付と共にトラウテの思い違いではないか）。

また、五月の初めに、生物学と哲学を学ぶためミュンヘン大学にやってきていたハンス＝ショルの妹ゾフィーも、兄がビラの筆者であることに気づいた。大学で手渡された第一号のビラを持って兄を訪ねたゾフィーは、兄が留守だったので、机の上におかれている本を何気なくめくってみた。

それはシラーの著作集で、しおりのはさんである箇所を開いてみると、〈リュクルゴスとソロンの立法〉だった。線の引いてあるところを読むと、さっき大学で受け取ったビラとぴったり一致する。彼女は兄が危ない橋を渡っていることを知り、帰ってきたハンスを問いつめて、やめさせようとした。しかしハンスは激しく反論して、ナチに対する抵抗の必要を説いた。ゾフィーももともと兄たちと同じ考えを持っており、大学でビラを手にしたときも、とうとう自分たちの考えていることをあえて実行する人が現れたと、うれしい感慨にとらわれたくらいだったから、最初の驚きと不安を克服して、兄たちに協力することを決心した。やめさせようとしたのは、家族のさらされる危険を思ったからにほかならない。また、さきに記したように、一月一七日、ハンスは両親にあてた手紙の中に、ビラに引用したのと同じゲーテの詩句を書いており、ウルムの両親が〈白バラのビラ〉第一号を見ていれば、その作者を悟ったのではないかと思われる。

ビラ第二号

次いで頒布された〈白バラのビラ〉第二号は、「ナチズムは非精神的であるがゆえに、これと精神的に対決することはできない」と書き始められる。そして、「今やわれわれは終末に直面している。今こそお互いに再発見し合い、人から人へと啓蒙し、常に思いをこらして休まず、最後の一人にまで、この組織に抗して戦う必要があることを確信させることが大切である」と、終末の予見から、ドイツ人として負うべき義務を説いたあと、ポーランドにおけるユダヤ人とポーランド人の迫害に言及し、それを放置する国民を告発する。「ユダヤ人問題に関して、このビラに書くつもりはない。被告の弁論を述べるつもりはない。ただ単に例として、事実を、ポーランド占領以来この国において三〇万のユダヤ人が残忍きわまるやりかたで殺害されたという事実を、簡単に引用するにとどめる。ここにわれわれは、人間の尊厳に対して加えられた最もおそろしい犯罪を見る。その犯罪たるや、全人類史上に類を見ないほどのものなのだ。ユダヤ人も人間である」。そして、どういうふうにして、ポーランドの全貴族子弟の抹殺が行われたのか、という問いに「一五歳から二〇歳の間の貴族の男子は全部、強制労働のためにドイツの強制収容所に送られ、同年齢の女子は全部、ノルウェーにある親衛隊の慰安所へ連行されたのである」と答えて、国民を告発する。

「なにゆえにドイツ民族は、これらすべての残忍非道をきわめる犯罪を目の前にして、かくも無感動であるのか？　それに思いをひそめる者はほとんど一人もいない。事実は事実として受け取られ、すでにすんだものとして片づけられる。そして再び、ドイツ民族はその鈍重で愚かな眠りを眠りつづけて、これらのファシスト犯罪者どもに、暴威をふるいつづける勇気と機会を与える。……そしてドイツ人が……この犯罪者の一味に抗議し、数十万の犠牲者に同情することがなければ……いや、感じなければならないのは、同情だけではない。それよりもはるかに大きなもの、すなわち同罪を感じなければならないのだ。なぜなら、ドイツ人はその無感動の態度によって彼ら凶悪の徒に、そういう行動をする可能性を与え、かくも果てしない罪を背負い込んだこの〈政府〉を許容しているからである。いや、だいたいこういう政府が成立し得たことに、ドイツ人は責任があるのではないか。誰でも、自分はそういう同罪をまぬかれたいと思い、無罪を宣して、それから再び、まったく良心にとがめられることなく、眠りにつく。しかし、彼は自分に無罪を宣することはできないはずである。誰もが有罪、有罪、有罪なのだ！　しかし、あらゆる奇形児政府のうちでも最も嫌悪すべきこの奇形児を一掃して、もはやこれ以上の罪を背負うことからまぬかれるのには、まだ手遅れとはいえない。数年前から完全にわれわれの目が開かれて、われわれの相手は誰かが分かってきた今、今こそこの褐色〔制服の色から、ナチ党員を指す言葉〕の一味を根絶やしにする、ぎりぎりのときなのだ。戦争が勃発するまで、ドイツ民族の大部分は目をくらまされていた。ナチ主義者はその正体を見せなかったが、それが分かった今、これらの野獣を殲滅《せんめつ》することこそ、ドイツ人のおのおのがなすべき唯一にして最高の義務、いや最も神聖な義務でなければならない。……」。

　有罪の非難は、心ある人の胸をついた。一九四一年一〇月、ドイツの全都市からドイツ系ユダヤ人が被占領ポーランドへ大量に追放されてからというもの、国民の多くは、ユダヤ人のために東方に新しい都市が建設されるというナチの宣伝を真実と思いたがった。そして一九三八年一一月のユダヤ人迫害——いわゆる〈水晶の夜〉——の体験は、急速に記憶のかなたに追いやられた。こういう政策の行き着く先はどこかという考えはもはや頭に浮かばなくなっていた。ユダヤ人の根絶を告知するヒトラーの言葉は聞き流され、一九四二年春以来ユダヤ人の大量虐殺を報道する外国のラジオ放送は、ぞっとさせるデマ放送と受け取られるようになっていたのである。

だが、第一号に比べて論調のきびしさ、鋭さを増したこの第二号においても、やはりその告発のあとに、今度は老子からの引用が添えられる。

ナチズムの否定

第三号は再び、「すべての理想的な国家形態はユートピアである。国家というものは純理論的に構成され得ず、個人と同じように成長し、成熟しなければならない。……国家は神的秩序の似姿であるべきだし、あらゆるユートピアの最高のもの、神の国は、国家が究極的に近づくべき模範である……」というように、いかにも論説ふうに始められる。それではナチ体制下のドイツはどうなのか、というと、「しかし、われわれの今日の〈国家〉は悪の独裁制である」と規定される。そして、それを排除することは国民の権利であるのみか、道徳的な義務でもあり、その手段は抵抗である、として、第一号のようにパッシヴな抵抗が呼びかけられる。しかしその訴えは、第一号のときよりもさらに調子が強く高く、ナチズムを拒否はするが、まず戦争に、それもとりわけ共産主義のソ連に勝たなければならない、反ナチの行動はそのあとのことだと考える人たちに向けられた。「戦争機械（ナチ党とその独裁の擁護と維持のみを目的とする戦争のためにだけ動く機械）の円滑な回転の妨害。現在の戦争を続行するために活動しているあらゆる学問的精神的領域――総合大学、単科大学、実験所、研究所、技術事務所のどこででも――におけるサボタージュ。ファシストの名声を民衆の間に高める、ありとあらゆる文化的行事におけるサボタージュ。ほんのわずかでもナチズムと関係があり、それに奉仕する、造形美術の全部門におけるサボタージュ。〈政府〉に雇われ、その理念のため、褐色の嘘の普及のために戦うすべての著作物、すべての新聞におけるサボタージュ」。

そして、そういう可能性を有しない人には、次のような方法がすすめられる。すなわち、「街頭募金（慈善の目的という仮装のもとに行われていても）に一ペニヒといえども寄付してはならない。なぜなら、それはカムフラージュにすぎないからである。実際は、その金は赤十字にも困窮者にも役立ちはしない。政府はその金を必要としてはいない。……金属、繊維、その他の物資の供出に何一つ応じてはならない！　下層の階級に至るまであらゆる知人に説いて、継続の無意義、この戦争の見込みなさ、ナチズムによる精神的経済的な奴隷化、あらゆる道徳的宗教的な価値の破壊を確信させ、パッシヴな抵抗へと動かすように努めよ！」力のこもった要請のあとに、僭主制の本質を剔《てっ》抉《けっ》したアリストテレスの『政治学』が引用される。

戦況への言及

第四号の〈白バラ〉は初めて、その時点での戦況に言及する。すなわち、「最近数週間のうちに、ヒトラーはアフリカとロシアで勝利を博した。その結果、国民の一部には楽観論が、他の一部には驚愕と悲観論が、ドイツ的鈍重さに比すべくもない速さでにわかに高まってきた。ヒトラーの反対者、すなわち国民のよりよい一部に、嘆声、失望と落胆の声があがり、それが〈こうなったら、ヒトラーはやはり……〉という叫び声に終わることもまれではなかった。そのうちにドイツ軍のエジプト攻撃は頓挫し、ロンメルは、危険にさらされた状況にそのままとどまらざるを得ない状態である――しかし、東部戦線ではなお前進がつづいている。この見せかけの勝利は、恐るべき犠牲を払ってあがなったものであるから、もはや戦局を有利と称することはできない。……」

ロンメル元帥の率いる戦車軍団は六月二一日にトブルクを占領、三〇日にはエル-アラメインに進出して、七月になると国防軍がロシア戦線で攻勢に出た。そして七月二三日に抵抗運動の学生たちが東部戦線に送られるため、〈白バラ〉と称するビラはこの第四号を以て終わり、再開は彼らの帰還する一一月以降のことになる。しかし、後続の二号はもはや〈白バラ〉を名乗ることがない。

キリスト教徒への呼びかけ

第四号は、強い宗教的意識を以て書かれ、キリスト教徒に向かって呼びかけられている。第三号までには見られなかったこの特徴は、ビラの最後に、ノヴァーリスと共に旧約聖書からの引用があることによってもはっきりする。

「ヒトラーの口から出る言葉は、ことごとく嘘である。彼が平和と言うときは戦争の意味だし、まことに瀆神的にも全能の神の名を口にするときは、悪の力、堕天使、サタンという意味なのだ。彼の口は、悪臭をただよわせる地獄の口であり、彼の権力は、根底から忌まわしいものである。ナチのテロ国家に対する戦いは、たしかに合理的手段によって行わなければならない。しかし、今日なお、悪霊の力が現実に存在することを疑う者は、この戦いの形而上的背景をとうてい理解したとはいえない。具体的なものの背後、感覚的に認めることができるものの背後、あらゆる実験的、論理的な考慮の背後に、非合理的なもの、すなわち、悪霊に対する戦い、アンチ-クリストの使者に対する戦いがひそんでいるのだ。到るところ、またいかなるときにも、悪霊は暗闇に隠れて、人間が弱くなる時、人間が神の手で据えられた、自由を基礎とする、秩序の中に組み込まれたその地位を勝手に捨てる時、人間が悪の圧力に屈して、より高い秩序の力から脱し、こうして、自発的に第一歩を踏み出したのちは、第二歩、第三歩と、ますます猛烈にスピードをあげて、先へ先へと駆り立てられる時、そういう時を、悪霊はひそかにうかがってきた。到るところで、そしてまた最大の危機に襲われたときにはいつでも、人間は立ち上がった。予言者や聖人は自分たちの自由を守り、唯一の神を指し示して、神の助けによって民族に引き返すよう警告したのであった。人間はたしかに自由ではあるが、真の神なくしては悪を防ぐすべもない。人間は嵐にゆだねられた、舵のない船、母のない乳呑児、吹き払われる雲のような存在である。それならば、と私はキリスト者たる君に問いを発しよう。君の最高の財産を守るこの戦いにおいて、躊躇し、策をもてあそび、決断を先へ延ばして、誰かが君を守るために武器をとってくれるなどと期待してもよいものであろうか？　神みずからが、君に戦う力と勇気を与えたもうたのではなかったか？　われわれは悪の最も強大なところを攻撃しなければならない。そして最も強大なのはヒトラーの権力である」。

そして、旧約聖書〈伝道の書〉からの引用。「私はまた、日の下で行われるすべてのしいたげを見た。見よ、しいたげられる者の涙を。彼らを慰める者はいない。しいたげる者の手には権力がある。しかし、彼らを慰める者はいない。それで私は、なお生きている生存者よりも、すでに死んだ死者を、幸いな者と思った。……」

そのあとにつづいて引かれるノヴァーリスの文章も、エッセイ〈キリスト教世界あるいはヨーロッパ〉からである。

「真の無政府状態は宗教を生む要素である。あらゆる既成のものの殲滅の中から、宗教は新しい世界の創始者として栄光に満ちた頭をもたげる。……諸国民が、自分たちをぐるぐる回りさせる、みずからのおそろしい妄想に気づき、聖なる音楽に打たれ、心やわらいで、さまざまの人種が一つにまじってかつての祭壇に歩み寄り、平和の働きを認めて、硝煙たちこめる戦場で熱い涙と共に大いなる平和の翼を祝うようにならないうちは、血がヨーロッパを覆って流れるであろう。……」

第三号までは古典からの引用のあとに、複写と配布の要請が記されてあっただけだが、この号では違う。

「われわれは白バラが外国の傭兵ではないことを指摘しておく。われわれはナチ権力が軍事的に破壊されなければならないことを知ってはいるが、重い傷を受けたドイツ精神の復活を内部からなしとげようと努めているのである」で始まり、「ヒトラーとその一派の行為にふさわしい刑罰はこの世にはない。……この組織に属するものは小物でも忘れず、一人でも逃れることのないよう、彼らの名を記憶せよ！」と、きびしく断罪したのちに、「われわれは沈黙しない。われわれは諸君のやましき良心である。白バラは諸君に休息を与えない！」と結んでいるのである。

この第四号に関して、トラウテ＝ラフレンツは、第一号の場合のゾフィーと似た経験をしている。先に引用した第一号についての思い出につづけて、彼女は次のように記す。

「次の号で私は、前にハンスにあげた〈伝道の書〉からの引用で、彼自身が筆者に違いないことを認めた。それでハンスに尋ねると、いつでも原作者は誰かと尋ねるのはまちがっている。それは原作者を危険におとし入れるだけだ。直接に関与した者の数はごくわずかにとどめなくてはいけない。そして、できるだけ少ししか知らないのが君のためだよ、という答えだった。そうすることにした。これで私のなすべきこともきまり、私はそれを実行した。ビラが広く行きわたるように配慮したのだ」。

〈次の号〉といえば第二号のことになるのだが、〈伝道の書〉の引用は今見たとおり第四号にある。彼女のこの回想は戦後ほどない一九四七年に書かれたものであって、激動の五年のあとでは、記憶がややあいまいになるのもやむを得まい。ただ、マリオ＝クレープスは、ミヒャエル＝フェアヘーヴェンとの共著『白バラ　ミュンヘン大学生の反ヒトラーの抵抗』（一九八二年）、また、ハーラルト＝シュテッファーンは『白バラ』（一九九二年）の中で、「次の号で」というところを「次に出たいくつかの号の一つで」と書いている。トラウテの書いた原本を見ることはできないから、断定はできないが、『処刑される学生たち』（一九六八年、邦訳『白バラ抵抗運動の記録』）のC・ペトリ、『ゾフィー＝ショルの短い生涯』（一九八〇年、邦訳『ゾフィー21歳』）のヘルマン＝フィンケがいずれも〈次の号で〉と書いているところを見ると、あるいはトラウテ＝ラフレンツはあとから思い違いを訂正しているのではないか、と思われる。

白バラの名の由来

〈白バラのビラ〉、少なくとも初めの方のビラは、ハンス＝ショルとアレクサンダー＝シュモレルによって書かれた。あとになると、ミュンヘン大学生グループの誰か、たとえばゾフィー＝ショルが執筆にかかわっていた可能性もあるが、それは、今日ではもうたしかめるすべがない。〈白バラ〉の名は、同名のスペインの小説に由来する、とハンスは取り調べのときに供述している。ヘルマン＝フィンケはメキシコを舞台としたB・トラーヴェン（一八九〇―一九六九）の小説の題名ではないかと推測する。

しかし、一九九二年初頭に初めて発見されたゲシュタポの尋問調書によると、ハンス＝ショルは

「私は当時、ブレンターノのスペインのロマンツェ〈ロサ＝ブランカ〈白バラ〉〉に直接の影響を受けていたために、心情的にこの名を選んだのかも知れない」と述べており、ハーラルト＝シュテッファーンはこの調書に基づいて、「スペインの小説」といわれているのは、スペインのロマンツェが誤ってスペインのロマンと伝えられたのではないかと推測する。ロマンツェとは、一四世紀にスペインで始められた物語詩で、ブレンターノはドイツ・ロマン派の詩人である。しかし、彼の作品でこの場合に妥当するのは、一八〇二年と一八一二年の間に書かれた未完の叙事詩〈バラの花冠のロマンツェ〉である。それがなぜスペインなのかというと、そこに用いられた詩形トロカイオスがスペイン的であり、登場する少女の名がロサ＝ブランカだからである。そのあたりの説明を、調書作成者は無視した可能性がある。従って〈白バラ〉の名の由来はメキシコではなくてボローニャ、作者は二〇世紀のトラーヴェンではなくて一九世紀のブレンターノである、とシュテッファーンは結論する。

学生の生い立ち

パッシヴな抵抗を訴えるビラの配布によって反ナチ、反ヒトラーの実際活動に入った、ハンス＝ショルとアレクサンダー＝シュモレルを中心とするいわゆる〈白バラ〉グループの人たちは、どのような育ちかたをしたのか。一元化の時代、すなわち強大な権力によってナチ一色に塗りつぶされたかに見えるドイツ、第三帝国にあって、しかもまだ大学生という身分にありながら、どうして危険きわまる抵抗運動にふみ切ったのか。その点を彼らの生い立ちに探ってみたい。

ハンス＝ショル

まず、ハンス＝ショルである。ショル家の子どもたちは五人きょうだいで、長姉がのちに『白バラ』を書くインゲ、次がハンス、エリーザベトとつづき、四番目がこれも〈白バラ〉グループの一人ゾフィー、そして末の息子がヴェルナーである。ハンスは一九一八年九月二二日の生まれだが、そのとき、父のローベルトはドイツ南西部シュワーベン地方のヤクスト河畔インガースハイム（何種類かの文献のうちで『処刑される学生たち』の著者C・ペトリだけがインガーシュタインと書いているが、地名としてはインガースハイムの方が自然に思われる。それに、ペトリの著書の巻末に添えられたハンスの〈起訴状〉にはインガースハイムとなっていて、これは彼の不注意としか言えないだろう）の村長であった。ヤクストはハイデルベルクの町を流れるネッカル川の支流で、インガースハイムは、相当にくわしい地図にものっていない。二年後にローベルト＝ショルは、同じネッカルの支流コッハー川にのぞむフォルヒテンベルクの町長になった。ゾフィーはここで生まれている。

父のローベルトは平和を愛する進取的なリベラリストで、排水設備の拡張、道路建設、鉄道の誘致などの積極的な施策によって保守派の町民の敵意を買い、一九三〇年に町長を退任した。一家は、ルートヴィヒスブルクで二年を過ごしたあとでウルムに移った。一九三二年のことである。大聖堂で知られるこの都会に、ローベルトは税理士兼経営コンサルタントとして落ち着くことになった。宗教的な家庭の出である母親のマクダレーネは、敬虔なプロテスタントとして、信仰の上で子どもたちに強い影響を及ぼしたようである。ウルムにきてから一年もたたない一九三三年一月末に、ヒトラーのひきいるナチ党が政権を握った。ハンス一四歳のときである。

インゲは書いている。

「初めて政治が私たちの生活の中へ入ってきた。……私たちは祖国、友情、民族協同体、郷土愛というような言葉が使われるのを聞いた」。

彼らは当然のことであるが、郷土を、祖国を、そしてドイツ民族を愛していた。ヒトラーは彼らの愛する祖国を偉大にし、幸福にし、繁栄させることを約束したのだから、彼らも喜んでそれに協力しようと思った。そして、そういう彼ら、若い人たちを言いようもないような力で引きつけ、引きさらったのは、「腕を組み、隊伍を整えて行進する青年の姿、ひるがえる旗……太鼓の響きと歌声」であった。一九〇〇年ごろに生まれ、ワンダーフォーゲル運動として自然と環境を新たに発見し、青年運動の中心となっていた〈同盟青年団〉の理想を、ヒトラー-ユーゲントは受け継いだ格好だったのだ。批判的なリベラリストの父親と、敬虔なプロテスタントの母親との作る市民的な家庭に育ちながら、なおハンスは何の抵抗もなく、というよりはむしろ魅惑され、進んでヒトラー-ユーゲントに入ったのである。父はがっかりし、とりわけ入団に積極的だったハンスと、再三にわたって激しく口論した。どちらも、なぜ自分の気持ちが分かってもらえないのかと、腹立たしい気持ちをおさえることができなかった。父は、ナチが失業者のおちいっている困難な状況、国民一般の抱く郷土への愛情、ワイマル共和国の政情不安などをたくみに利用して、ひそかに新たな戦争への準備を企画していることを指摘すれば、息子はヒトラーが約束したとおり、失業者が減って経済は上昇気運にあり、それは軍需産業に負うところが多いのだと応酬した。ハンスはきょうだいたちの説得に成功し、姉のインゲを始め、三人の弟妹はみんなヒトラー-ユーゲントに入った。

ヒトラー-ユーゲントは、〈クルップ鋼のように堅く、革のように強靭で、グレーハウンドのように敏捷〉な青少年を作り上げるのが目的であった。このときハンスはまだ一五歳、ゾフィーは一二歳だから、批判精神があるわけもない。ハンスは初めのうち、同年輩の者たちの多くと同様、感激の波にさらわれるのを感じていた。新しいものが建設されるべきで、未来の担い手、いわば新しい運動の心臓は、青少年である。指導者から繰り返して説かれる話の内容は、家での父を思い出させた。老人は、過去のがらくたに執着して、新しい時代の徴候を理解できないのではないか？ 自分の安楽をのみ追求するプチブルへの軽蔑の念を、そして自分たちこそ未来を担うように選ばれた存在なのだという意識を、ナチ主義者たちは若い人々の胸に植えつけた。

ハンスは、みんなが参加する徒歩旅行やスポーツに、そしてまた、物語が語られ、歌が歌われるグループの夕べに楽しみを見出した。規律を守り、諸種の催しに積極性を発揮するハンスは、すぐに認められてフェーンライン指導者になった。フェーンラインというのは、ヒトラー＝ユーゲントのうち、一〇歳から一四歳までの男の子が入る〈ドイツ小国民団〉を構成する隊の単位で、人数は約一五〇名（この場合は約一六〇名）だから、軍隊でいえば中隊に相当しよう。そして彼は一九三六年、ニュルンベルクで毎年開催される党大会に代表の一人として選ばれ、自分の隊の旗をかかげて行進することを許された。年に一度のこの大会はナチの華やかな宣伝の場で、二〇万の党員が集まって、ヒトラーの指導のもとに過ごすこれからの栄光ある一年を祝い、あらためて総統に随従を誓うならわしであった。ハンスは選ばれた少数者の一人として、期待と誇りに満ちてニュルンベルクへ行った。しかしそこには、ウルムで知っていたような楽しいグループの夕べやキャンプのロマンティシズムと共通するものはほとんど見ることができなかった。林立するきらびやかな旗によるアピール、突撃隊と親衛隊の分裂行進、休みなく繰り返される〈勝利ばんざい〉の叫びというような、一見華やかだが実質はまったく空疎なお祭りさわぎ。すっかり失望してウルムに帰ったハンスは、歩一歩ヒトラー＝ユーゲントから離れるようになった。

以前の苦い体験も思い出された。歌曲が好きだった彼は、ロシアやノルウェーの民謡をギターで弾きながら歌っていたのを、それは他民族の所産だという理由で指導者に禁止されたのである。とりわけ、ロシアといえば、ただちに共産主義に、ナチの、ヒトラーの敵に、結びついた。いや、ドイツ国民であっても、ユダヤ人はだめだった。誰もが愛唱するハイネの詩も、彼がユダヤ人だという理由で禁止されていた。ハンスが愛読した『人類の星の時間』という、世界史上に一瞬きらりと光を放ってからまた消えていった人たちの事蹟を描いた本も、その作者がユダヤ人のシュテファン＝ツヴァイクだからということで取り上げられた。

ハンスを決定的にヒトラー＝ユーゲントから離反させたのは次のような事件である。

彼は自分が隊長を務める中隊（フェーンライン）で、みんなの一体感を強めるために、鉤十字の三角旗に替わる自分たちの隊独自の旗を作ろうと提案し、自分も手伝って、伝説上の獣が描き出されたみごとな旗を縫い上げさせた。少年たちはおごそかな儀式をして、旗に忠誠を誓った。ほかの隊にこんな立派な旗はないだろうと、少年たちは誇らしい気持ちを抱いていたが、やがてそれをむざんにふみにじる事件が起こった。ある晩、彼らが上級指導者（大隊長）の前で点呼のために整列したとき、その旗が大隊長の目にとまった。びっくりして一瞬、じっと見つめたあとで、彼はその旗を持っている一二歳の少年に、それをよこせと命じた。少年はじっと前を見たまま、堅く旗ざおを握りしめた。すると大隊長は声をはげまして言った。

「それをよこしたまえ。きみたちには特別の旗は必要ない。みんなが持つようにきめられたのを尊重するのだ」

整列した少年たちの間から抗議の声があがった。旗手は身動きもしなかった。ハンスはその子の心の中を読み取って、もうがまんできなくなった。大隊長が一歩ふみ出して、旗をもぎ取ろうとしたとき、ハンスは少年が少しふるえて、助けを求めるようにわきに目を向けるのを見た。彼は列の中から出て、少年と大隊長の間に立ち、「そのまま持たせてやってください」と言った。ちょっとしたつかみ合いが起こり、ハンスは大隊長の横っ面を張りとばした。前代未聞の反抗であった。それ以後彼はもはや中隊長ではなくなった。

ヒトラー＝ユーゲントから離れたハンスは、〈ドイツ青年会一一月一日〉という組織に加わった。これは〈同盟青年団〉から分枝して一九二九年一一月一日に設立された団体だが、ナチ時代に入って、他の青少年団体と共に禁止された。ナチはヒトラー＝ユーゲント以外の組織をいっさい認めなかったのである。禁止はされたものの、ひそかに各地でグループが結成され、ウルムでもヒトラー・ユーゲントのナチ的な考えかたについていけない少年たちがハンスの周りに集まった。ハンスは、ヒトラー・ユーゲントにないもの、そこでは禁じられているもののすべてを、〈ドイツ青年会一一月一日〉に見出した。この会は小さな、誓い合ったグループに分かれて、週末と休暇にはテントを持って旅行に出た。かつてのワンダーフォーゲル運動と似ているが、この組織は国粋的でも自然一辺倒でもなかった。新しい文化、都会的な世界にも心を開き、服装も違えば自転車にも乗らなかった。ヒッチハイクで、スウェーデン、フィンランド、シチリアにまで遠征したのである。こういう生きかたは、ワンダーフォーゲルとは違い、あらゆる点から見て開放的なコスモポリタンのものだった。キャンプではジプシーのメロディー、スカンジナビアやロシアの歌、アメリカのカントリーミュージックのバラードなど、ナチに禁じられた歌をバンジョー、バラライカといった、これも禁じられた楽器を弾きながら歌った。ブラックリストにのせられている作家の本を読んで、指導者に哲学や詩や演劇について話してもらうこともあった。それはヒトラー・ユーゲントで行われる錬成講演とはおよそ質を異にしていた。

禁止されているこういう活動はやがてゲシュタポの知るところとなって、一九三七年の晩秋にドイツ全国で捜査が開始され、ウルムのショル家にも、この年の一一月に二人の警察官が現れた。居合わせたインゲ、ゾフィー、ヴェルナーの三人が逮捕され、ゾフィーはその日のうちに釈放されたが、あとの二人はシュトゥットガルトに連行され、種々取り調べを受けたあと、八日後にようやく釈放された。エリーザベトは旅行していて難を免れ、ハンスは軍隊に入っていたために、逮捕、拘置が遅れた。

〈ドイツ青年会一一月一日〉は男子だけが成員であったから、インゲやゾフィーはまず問題なく、ヴェルナーはまだ少年だった。重く見られたのはハンスだけである。しかし彼は一九三七年春に、高等学校卒業試験と大学入学資格試験を兼ねるアビトゥアをすませ、そのあとで一九三五年から義務化されていた労働奉仕を半年やって、一九三七年一〇月半ばに軍隊に入っていた。それは騎兵隊だった。一九三五年に徴兵制が布かれ、志願すれば自分で兵種を選ぶことができたので、馬が好きだったハンスは騎兵隊に志願したのである。彼の属する騎兵隊は、シュトゥットガルトの郊外、カンシュタットに駐屯しており、そこで彼は逮捕された。そして、一二月にシュトゥットガルトに送られて拘禁されたが、彼に好意を持っていた中隊長の尽力で、五週間後の翌年一月には釈放されて元の隊に戻った。国防軍はゲシュタポの干渉をきらっていたのである。

この件で自分が権力に屈しなかったのは、両親がはっきりと反ナチの態度を示すことによって自分に抵抗の能力を与えてくれたからだ、と彼は言う。非合法のグループで積んだ経験のおかげもあった。そしてこういうゲシュタポによる逮捕、拘禁と、軍隊生活を通して、ヒトラーに対しては賛成か反対かというただ一つの選択しかなく、第三の道はあり得ないという認識が成熟した。

騎兵隊の軍務を終えて、ハンス＝ショルは一九三八年秋から半年の間テュービンゲンの衛生学校に入った。ここで彼は、医学を学ぼうと決心する。のちに彼は、何に動かされて決心したのかはっきりとは分からないが、たぶん自然科学への漠然とした好みと、他の学部への関心の薄さとによるのだろうと述べている。そして一九三九年四月、ミュンヘン大学医学部への入学が実現した。この年九月一日、ナチ＝ドイツ軍のポーランド侵攻によって第二次世界大戦の幕が切って落とされた。翌年三月、医学生としてミュンヘンの学生中隊に入っていたハンスは一旦、五月に中隊と共にゲッティンゲンの近くに移されたのち、ほどなくフランス派遣軍に加わることになった。彼は衛生隊に所属し、のちには野戦病院で働いて、弾丸雨飛の前線にいたわけではないが、それにしても、手紙で窺うことができる限りでは、戦場にいるとは思えないほどのんびりしている。

たとえば一九四〇年五月二九日付の両親あての手紙には、「しかし、この兵站生活は気に入りません。ときどき空襲の祝福を受けたりはしますが、ぼくたちの生活全体がだらけているので、逃げ出したくなってしまうくらいです」とあり、あるいは六月三日付の同じく両親あての手紙。

「ぼくはたいてい丈の高い草の中に寝ころんでいます。アンドレ＝ジッドのすばらしい本を翻訳しています。ほかに何も仕事をしていないことを非難しないで下さい」。

もちろん、敵に対する憎悪など、かけらも見られない。

「ぼくはできるだけフランス精神に親しみ、フランス人気質を理解することを学ぼうと思います」

（同じ六月三日付の手紙）。

また七月二一日付両親あての手紙には、
「フランス人はりっぱな愛国者です。ぼくは毎日そのことを経験しています。何人かのフランス人の看護婦と親しくなりました。彼女たちはわれわれの赤十字看護婦よりも愛情をもって仕事をしています」。

一方、戦争の悲惨もほとんど描かれることがなく、反戦の気持ちも述べられてはいない（郵便検閲をどの程度考えに入れなければならないかわからないが）。

「ぼくはフランスで深い印象を受けました。それはあたりまえですが、手紙ではそういう印象を報告することはできません。そうする能力がぼくにはないのです。彫刻家が意味のない木材に対するように、言葉を扱うことができなくてはならないのでしょう」（八月一日付、姉インゲへの手紙）。

六月二二日にフランスは降伏した。ヴェルサイユに入ったハンスはますますのんびりした生活を送る。ともかく、ひとまず戦闘は終わったのだ。八月四日付のヴェルサイユからの手紙では、「ぼくはテニスをし、本を読み、ラジオで、よい音楽を聴いています」と両親にあてて書き、同月一一日には姉インゲにあてて、「毎日ほとんど四時間テニスをしています。残りの時間はフランス語の詩を読んで過ごしています」と記す。

そして九月末にウルムに帰還すると、西部戦線の大勝利で国民の気分は高揚し、それまでの一般的なヒトラー熱に留保の立場をとってきた人たちも、愛国の渦に巻き込まれていた。戦場の思い出を引きずって、ハンスは再びミュンヘンに向かい、一〇月一五日にあらためて学生中隊に配属された。学生中隊にいれば、大学で勉強することができる、半分は学生で半分は軍人のような身分だったから、不満を持つ学生や、兵隊になりたくない学生たちが集まってきた。しかも、ゲシュタポの力は兵営の中までは入ってこず、軍隊とはいっても、紀律はかなり放漫で、兵営内に居住せず市内に部屋を借りることもできた。

学生中隊の仲間の中に、ハンスはやがて、ゆるやかな軍の服務規定にそれでもいつもさからう一人の学友を見出した。その男はしばしば欠席し、たまに出てくると、わざとだらしなく軍服を着て、人目についた。兵営の外で彼の軍服姿を見かけることは決してなかった。ボヘミアン的なところを強調する彼の外見とその態度は反軍隊的で、軍人がはばを利かせる戦時にあっては、はっきりした抵抗の表現であった。この男、アレクサンダー＝シュモレルとハンスはすぐに親しくなり、いっしょに試験の準備をした。二人とも音楽に関心があったので、何度もいっしょにコンサートに行き、文学について語り、本を交換し、やがて政治的な会話を交わすようになった。

アレクサンダー＝シュモレル

ハンスと共に〈白バラ〉グループの中心であったシュモレル（通称アレックスあるいはシュリク）は、一九一七年の生まれで、ハンスより一歳年長である。生まれたところはウラル河畔オーレンブルクで、父はロシアに定住した毛皮商人の息子で医者、母はロシアの聖職者の娘であったから、アレックスがギリシア正教の洗礼を受けたのは自然の成り行きである。母は彼の誕生後一、二年して病死し、一九二一年に一家はミュンヘンに移住した。父は再婚したが、アレックスはロシアからついてきたロシア人の保母（彼女はロシア語しか話せなかった）から完璧なロシア語を習い覚え（彼のドイツ語にはロシアなまりがあったという）、ロシアの童謡、民話を聞いて育った。成長すると、ドイツ–クラシックの文学と音楽に親しむと共に、一九世紀のロシア文学、ロマン派音楽に通暁するようになった。プーシキン、ゴーゴリ、ドストエフスキーの作品を数ページにわたって暗誦、引用することができたという。家庭の雰囲気は市民的、保守的で、そのためアレックスは初め、反共和制の在郷軍人組織〈鉄兜団〉（一九一八年創立）系の〈シャルンホルスト〉という青年団に属していた。しかし、すべての青年団、少年団が一元化されてヒトラー–ユーゲントに統合されたため、おそらく強制と激しい訓練にいやけがさして、飛び出してしまった。この点、最初はヒトラー–ユーゲントに引かれて入団し、熱心な活動ぶりを見せたハンス＝ショルとは違う。いわば二つの文化の中で育った彼、シュモレルには、ナショナリズムに対する免疫ができていたといっていい。

「彼はひとりで歩くこと、あてどもなくさまようこと、どこかにもぐり込んで、変わった人たちと知り合うことを好んだ。冒険者、放浪者、おちぶれた芸人、ジプシー、こじきなどに理解と共感を持った」という一友人の報告を読めば、ナチが軽蔑し排撃する種類の人間と行為こそ、彼が好み、共感するものだったことが分かる。そういう人たちが彼の琴線に触れたのである。しかし、彼自身は決して、ナチのきらう非スポーツマン的な変人のタイプではなかった。水泳やフェンシングが得意だったし、馬に乗ってイーザル河谷をギャロップで走らせ、途中で作男や下婢とおしゃべりするのが大好きだった。絵画、彫刻への関心も強く、軍隊に入る前にベートーヴェンの肖像彫刻を制作したこともある。音楽好きでもあり、コンサートの常連だった。ほんとうは彫刻家になりたかったのだが、医学を専攻するようになったのは、すぐれた医師だった父の希望を容れてのことであった。

これも〈白バラ〉グループの一員となるクリストフ＝プロープストを知ったのは、大学に入るまえ、まだ実科ギムナジウムに在学中のことだった。プロープストの姉アンゲーリカをも加えた三人は、しばしば徒歩旅行を共にし、夏は湖畔で釣りやいかだ造りを楽しみ、読書や議論の日々を過ごした。アンゲーリカはのちに、シュモレルには〈放浪性〉があったと言っている。アレックスは一九三六年春にアビトゥアをすませた。そのあとには、半年間の労働奉仕がくる。そして兵役。彼は騎砲兵隊に志願した。労働奉仕、兵役、強制、束縛の日々に、せめて好きな馬に乗れれば、という理由からだった。兵役は一一月初めからだったが、翌年三月一二日のオーストリア合邦で、彼の中隊はリンツに入った。ヒトラーの強引なオーストリア併合は、表面の華々しさと違ってかならずしも住民の間で歓迎されてはいないことを、彼は身を以て知った。さらに半年後にはチェコスロヴァキアのズデーテン地方に進駐した。このときも彼は、ドイツ軍が決して解放軍ではなく、占領軍として侵入したのだということを悟った。外国の占領と他民族の抑圧に自分が心ならずも一役買っているという認識が気持ちを落ち着かせなかった。オーストリアの併合とズデーテンの占領という、戦争の手段によらない成功ゆえに、それまでナチズムに距離を置いてきた人たちの中にヒトラーの権力政策に賛意を表する人がますますふえてきたのに対し、アレックスはかえって心の中で、体制拒否の感情が高まるのを感じた。

アレックスが父の希望に従って、芸術の道に進むことをあきらめ、医学を学ぶためにハンブルク大学に行ったのは、一九三九年、夏学期のことであった。ここで彼は、同じ医学部の女子学生で、のちにミュンヘンにきて同志となるトラウテ＝ラフレンツと知り合った。そして、それから一年ののち、軍医部に配属され、ハンス＝ショルと同じくフランス派遣軍に加わったが、帰還した一九四〇年秋以後ミュンヘン大学に籍を移し、ハンスと同じ学生中隊に所属した。やがて、政治的立場を同じくする人々を集めて彼の家で催されていた読書と討論の夕べに、アレックスはハンスを引き入れた。クリストフ＝プロープストはすでに、その会のメンバーの一人だった。

トラウテ＝ラフレンツ　一九一九年に生まれてハンブルクで育ち、一九二〇年代に改革モデルとして設立されたリヒトヴァルク学校に入った。そこでの教育は協同体思想に刻印されていて、社会的でリベラルな精神が汪溢《おういつ》していた。教師の多くが政治的に左翼だったから、一九三三年の権力掌握後、たちまちナチの手が伸びてきて、一九三七年に解体された。別の学校に移された女教師エルナ＝シュタールは、かつての生徒たちと連絡を保って、自宅で継続的に読書会を開いた。トラウテもこれに参加している。そこには、強い宗教的なアクセントと人知学的な背景を有する、文学的、哲学的な雰囲気が支配していた。読まれたのは、聖書のテクスト、聖杯伝説、『神曲』、あるいはロマン派や表現派の作品などであった。また、フランツ＝マルク、カンディンスキーら、〈退廃〉芸術家の絵画にも親しんだ。リヒトヴァルクは、ハンブルク美術館の館長を務めた美術評論家、美術教育家だったのだ。この会に集まってきた人の一人、ハインツ＝クハルスキーが別に友人サークルを作って、禁止されていたハインリヒ＝マン、ブレヒトらの作品を読み、御法度の外国ラジオ放送を聴いた。トラウテはこのサークルにも加わっている。彼女は医学部学生としてハンブルク大学からミュンヘン大学に移り、一九四一年五月、バッハ・コンサートでハンス＝ショルと会って、親しくなった。それからやがて〈白バラ〉グループに加わり、ハンブルクのクハルスキー―サークルとの連絡役を務めることになる。ショルとの交友関係について、彼女自身、次のように言っている。

「ハンスと私の間には、急速に友情が進展していった。政治的な立場を同じくするというだけでも、友情を築くしっかりした基盤になる――その当時私たちは、ちょっと話を聞いただけで、相手とその考えかたがすぐ分かる特殊な勘を持っていた――のだが、その上、私たち二人は同じ文学的興味を持ち、旅行が好きで、一緒に音楽会に行くようになり、そのためいよいよ友情のきずなが固くなった」。

クリストフ＝プロープスト

実科ギムナジウムでアレクサンダー＝シュモレルと知り合ったクリストフ（通称クリステル）＝プロープストは、一九一九年の生まれである。父は裕福な商家の出で、自分の好きなことをする財力と時間に恵まれていた。父は大学で自然科学を学んだのち、関心のおもむくままに、宗教学と美術史を研究した。最初の妻との間にアンゲーリカとクリストフが生まれたが、そのあと離婚して半ユダヤ人の女性と再婚した。この二度目の妻の財産のおかげで、彼はもはや職につくことなく、民間学者として生活することができるようになった。インドの宗教史を研究し、サンスクリットを学び、古代インド文学を読むかたわら、芸術にも肩入れをした。退廃芸術家としてナチに排斥されたパウル＝クレーやエーミール＝ノルデは彼の友人で、ノルデの描いた子どもたち二人の肖像が部屋の壁に掛かっていた。こんなふうで、芸術、文学、哲学が、この家の生活を規定していた。こういうような雰囲気がナチズムと両立するはずはない。しかも、一家の主婦は半ユダヤ人だった。家族は密接に身を寄せ合って暮らしたが、一九三五年の〈ニュルンベルク法〉はユダヤ人から市民権を奪い、ユダヤ人とアーリア人の結婚を禁じた。こういう宗教的、人種的な問題から、もはや民間学者としての生活が不可能になり、それまでに研究し、積み上げてきた精神、芸術、学問が新体制下ではもはや通用しなくなったことを痛切に思い知らされて、重荷に耐え切れなくなり、父は一九三六年についに自殺してしまった。父の死に深い打撃を受けたクリストフは、それでも一九三七年春、無事にアビトゥアを終え、半年間の労働奉仕を経て、空軍に入った。彼は家庭の事情でギムナジウム時代たびたび転校し、違う寄宿学校に入らなければならなかった。早くから精神的に自立したのにはおそらくこの事情がかかわっていよう。軍隊に入ってから、強制と激しい訓練をきらったことはシュモレルと同じだが、彼ほどに外的な非自由に苦しまなかったことはたしかである。

一九三九年春に軍務を終えたクリストフは、ミュンヘン大学で医学の勉強を始めた。医学を選んだのは、病人を助け、治してやりたいという心の底からの欲求であり、主として一九三九年から四一年までの間に行われた、ナチによる安楽死殺人に対する激しい嫌悪と怒りからであった。彼は〈非政治的人間〉、〈内面に導かれる人間〉で、自分が内面化した道徳的規範に従って物事を判断した。ショル、シュモレルらと違って空軍の学生中隊にいたため、プローブストはミュンヘンからシュトラースブルク、インスブルックと移って勉学を続け、一九四二年の夏に再びミュンヘン勤務にもどって、大学と軍隊と家庭との間を往復する生活に入った。一九四〇年春にすでに結婚していて、六月には長男が生まれていたのである。岳父のハーラルト＝ドールンも同じ志を抱く人の一人であった。文学・哲学の雑誌〈高地〉（ホーホラント）の編集者カール＝ムートと、その親友でキルケゴールの研究者テーオドル＝ヘッカーをクリストフに紹介したのはこのドールンである。ドールンは敗戦直前に反ナチ抵抗のゆえをもって殺された。

ヴィリー＝グラーフ

ヴィリーは通称で、ほんとうはヴィルヘルムだが、ほとんど常にヴィリーの名で文献に出てくる。抵抗運動のグループの中で、ただ一人、カトリック教徒であった。一九一八年ラインラントに生まれたが、そのあとすぐに、一家はザールブリュッケンに引越した。当時は国際連盟の管理下にあったザールラントの中心都市である。ヴィリーはここで成長した。父は引越してから、ぶどう酒販売と貸しホールを業とする会社の支配人となった。ヴィリーがのちに記すところでは、きちょうめんで誠実な、きびしい人柄だった。父もだが、特に母はカトリックの信仰が篤く、窮境にある隣人のめんどうをよく見た。経済的に恵まれた典型的な市民家庭といっていい。

グラーフはギムナジウムに入ってからほどなく、カトリックの青年グループ〈新ドイツ〉に入った。これは同盟青年団系の組織で、一九世紀から二〇世紀にかけてのワンダーフォーゲル運動の伝統を守るよう義務づけられており、プチブル根性と偏狭な精神とはおよそ反対方向を指す市民的な要素を有することはまぎれようもなかった。その活動は、徒歩旅行やゲレンデシュピール（オリエンテーリングに似た野外での団体競技）、コーラス、信仰問題についてのディスカッションなどが中心であった。ヴィリーの成長期には、ザールラントはナショナリズムのエモーションの象徴であった。ドイツ人が住民の九割を占めていたのに、ドイツとフランスの国境にあるヨーロッパ有数の工業地帯であるために、第一次世界大戦の結果、国際連盟の管理下におかれ、炭田の所有・採掘権はフランスに譲渡されたからである。ナチにとって〈ドイツへ帰れ!〉という叫び声をあげるのに最も適した土地だったのだ(のち、一九三五年に住民投票の結果、ドイツへの帰属が決定された。第二次世界大戦後にも同じようなことが起こっている)。

グラーフは同じグループの仲間といっしょにドイツ国内の同傾向の青年グループを訪問して、新しい権力者がすべての青年団体をきびしく統合し、一元化を遂行しているさまをつぶさに体験した。ナチが政権を握った一九三三年のうちに、公認の青年団体はヒトラー=ユーゲントただ一つになってしまい、他は禁止されるか、あるいは自分から解散するの余儀なきに至った。まず共産党系、社会民主党系の左翼的なグループが槍玉にあげられ、次いで、政党色がなく、保守からリベラルまでの色合いを持つ、ワンダーフォーゲル精神に忠実な同盟青年団系のグループがつづいた。プロテスタントの青年団はヒトラー=ユーゲントの中に組み込まれ、カトリックのは、ナチとヴァチカンとの政教協定によって、宗教的な領域に限られた活動のみが認められた。礼拝、合唱、聖書サークルの枠を越えるものは、徒歩旅行やスポーツ、あるいは青年運動の歌を歌い、その歴史を語る集まりまでも、いっさいが禁止されたのである。しかし、禁止の網の目をくぐって非合法の活動がつづけられていて、グラーフたちと同盟青年団系の非合法グループとの接触も行われていた。こういうドイツでの状況と違って、ナチ体制の最初の数年間は国際連盟の管理下にあったザールラントでは、どちらの系統の青年団も公然と活動することができた。

一九三六年一二月、グラーフがアビトゥアを受ける前年のことだが、ヒトラー＝ユーゲントは唯一の国定青年団となり、入団が義務化された。もっとも、形式上は自発的ということにしてあったが、入団しないと、さまざまの不利益を受ける仕組みになっていた。学校では不利に扱われ、教職に就くことができず、仕事を失うことさえあった。手工業会議所は修業の、ドイツ労働戦線は雇い入れの、許可を与えなかった。ヒトラー＝ユーゲントに入らない者に対して、圧迫は増大するばかりだったが、それでもグラーフはヒトラー＝ユーゲントのユニホームを着ることを拒み、カトリック青年グループにあって積極的な活動をつづけた。ザールラントがドイツに復帰した一九三五年以降は、それも非合法活動ということになった。

グラーフは一九三四年にフリッツ＝ライストを知り、三六年に〈新ドイツ〉を脱会して、ライストの設立した〈灰色会〉に参加した。灰色の飾りひもを会員章とし、つぶされたグループの会員を集めた、これも非合法の組織であるが、宗教を強調した結団精神によってナチズムの浸透から守られていた。そこには、同盟青年団、ワンダーフォーゲルの伝統が生きていた。キャンプファイアーで、ギターとバラライカが北欧やロシアの歌を掻き鳴らし、リルケやヘルダーリンの詩が朗誦される一方で、きびしい典礼、時禱、夜間当直の義務が課され、神学者たちの著作をめぐって神学ゼミナールともいうべきものが行われる、そういう生活であった。グループは監視の目をくぐって、しばしば外国へ旅行することに成功したが、当局の締めつけはしだいにきびしくなり、一九三六年二月、五〇名もの青年指導者と聖職者が逮捕され、翌年、民族裁判所によって懲役刑を宣告された。この年、教皇ピウス一一世が回勅をもって反ナチの態度を明らかにすると、同じ年の秋、カトリックの青年グループはすべて決定的に禁止され、解体された。グループは地下にもぐったが、三八年一月にゲシュタポは〈灰色会〉のグループをいくつか見つけ出し、グラーフ、ライストほか三〇名が逮捕された。しかし、同年三月のオーストリア合邦による大赦で、最後まで審理が行われなかった。こういうことがあっても、〈灰色会〉はなおひそかに活動をつづけ、小さなグループをいくつも作ることを試みた。それらの中の最大のものが、ライストがミュンヘン大学に作ったグループで、グラーフはこれに加わった。

ヴィリーが逮捕されたのは、彼がボン大学医学部に入学した最初の学期の半ばごろであった。彼のほんとうの関心は、妹アンネリーゼによれば、〈哲学、歴史、文学、そしてこれらすべてを包括するものとして、神学に向けられていた〉のに、医学部を選んだのは、まだ医学はそれほどナチ・イデオロギーに汚染されていないと思われたからである。彼は神学、哲学、文学史の講義を聴き、夜は読書と音楽会通いに費やした。最初の学期を終えてから、グラーフはザールブリュッケンで病人看護コースをとった。そして、一九三九年に軍隊に入り、衛生兵として西部戦線に送られた。四一年二月まで諸処を転戦したあと、東部戦線に派遣されて、ユーゴスラヴィア、ポーランド、ロシアの各地を転々と移動した。ポーゼン（ポズナニ）で、また四一年六月にはワルシャワで、ポーランド人の、そしてユダヤ人の、ありとあらゆる悲惨を見た。「ひどい悲惨を、ここでは体験しなければならない。なぜなら、到るところでそれのなにがしかを見出すことができるからだ。ほかならぬワルシャワで、機会あるごとにそれにぶつかる。そんなものがあるなんて、とても想像できはしない。ぼくはそんなことをついぞ考えたことがなかった。想像することさえできはしなかった。この空の下でぼくは生きていかなければならない」と、六月一二日付の手紙で書いている。ナチの抑圧・絶滅政策について率直に話し合える同志は見つからない。「以前には多くのことを同志といっしょにやってきた」（四一年三月一〇日付の手紙）のに。「ここ東部の戦線で、私はとうていあり得るとも思えないほどのおそろしいことにいろいろと出会った……そういうことについて話し合える人は、ほとんど一人としていはしない」（四二年二月一日付の手紙）。従って、中隊での生活はおもしろくなかった。将校集会所で食事をするように強いられ、そのために毎晩、同じようなつまらないおしゃべりをしなければならない。「少なからぬ美しい時間が過ぎてゆく。本か手紙でならもっとよく過ごせたろう時間が」。孤独な彼は、かつての〈灰色会〉の友人たちと接触を保とうとする。そういう人たちに、たまたま前線で会うこともある。しかし、前線ではろくに話もできないし、手紙では、政治的、神学的な問題について、立ち入って率直な話をすることはできない。だが、同志の人々に支えられていることは、妹への手紙によれば、諦めに抵抗する唯一の可能性であった。「同じ見解を有するからいっしょに生きてゆける、と思うような人間がまだいるということ、これがなんといっても、あらゆる行為になお意味を与える大切なことだ」。

学生中隊に籍をおきながら同時に大学で勉学をつづけるために、ヴィリー＝グラーフは、一九四二年四月七日にミュンヘンに着いた。さっそく、フリッツ＝ライストのところへ行ってみた。そこは、ミュンヘンに流れてきた〈灰色会〉の友人たちの集合場所だったのだ。再び同志の間にいられるのはうれしかった。しかし、戦線と静かなミュンヘンの町とのあまりの相違が彼を落ち着かせなかった。二日後の四月九日、グラーフは日記に記す。

「昨夜はよく眠れなかった。まだ環境の変化に慣れていないのだ。さっぱり勝手が分からない。ときどきほとんど、何もかもが夢の中で起こっているように思えてくる。とりわけ、こういう誰にもわずらわされない生活、人々のささやかな心配をながめていると。だが、たぶん何もかもうわっつらに過ぎないのだろう」。

前線で見たあまたの死、そしてドイツ軍の占領地域でのおそろしい悲惨は、ヴィリーの心に神の正義への疑いを生じさせ、信仰を疑問視させ、解明を求めた。それと同時に、ヒトラーの蛮行に抗して何をなすべきかを探し求める仕事が始まった。かつて彼の属した〈灰色会〉が、秘密の旅行やキャンプによって直接に非合法活動を行った時期は終わった。ヴィリーがそのときの友人たちに、反ナチ抵抗運動の可能性について話しかけてみても、懐疑と留保にぶつかるばかりだった。指導者のライストは、〈内的抵抗〉を唱えていた。支配者に対して心を閉ざし、近づきつつあるヒトラー帝国の終末を待たなければならないというのがその主張だったが、ヴィリーはそれには同意できなかった。

こういう心的状況にあったとき、政治問題について率直に意見を交わすことのできる友人が見つかった。バッハ合唱団で、同じ学生中隊の仲間フーベルト＝フルトヴェングラーを、フェンシングの練習でクリストフ＝プロープストを、そして彼らを通じてハンス＝ショルを知ったのである。六月一三日の日記にグラーフは、ハンスと会って話をしたが、もっと何度も会いたいと思う、と記している。彼が〈白バラ〉グループに加わったこのころ、ビラの第一号はすでに発行されていた。彼が反ナチ抵抗運動について打ち明けられたのはおそらく七月のことではないかと見られる。ともかくヴィリー＝グラーフは〈白バラのビラ〉の執筆と配布にはかかわっていない。

ゾフィー＝ショル

ハンス＝ショルの妹ゾフィーは一九二一年の生まれ。ショル五人きょうだいの四番目である。田園の自然の中でのびのびと育ったゾフィーは、一九三二年にウルムに引越してからもなお、川岸の草地や周辺の森の中を好んで歩き回った。グリムやハウフの童話、『もじゃもじゃペーター』の絵本、ルートヴィヒ＝リヒターのさし絵集などをとりわけ喜んで読んだ。かなりの腕前でピアノを弾き、友だちとにぎやかに遊んだ。兄のハンスがヒトラー=ユーゲントに入ったとき、彼女はまだ一二歳で、何の疑問も持たずに、兄や姉たちについてヒトラー=ユーゲントの中の少女の組織〈少女団〉（ユングメーデル）に入った。かつての青年運動から受け継がれた、自然に親しみ、徒歩旅行やキャンプ生活を楽しみ、音楽演奏に興ずるなどの要素は、ゾフィーにも抵抗なく受け入れられたものの、一時は理想に燃えてヒトラー=ユーゲントに熱を上げたハンスとは違い、内面的で考え深いゾフィーは、〈少女団〉からもう一段階年齢が上の〈ドイツ女子青年同盟〉（BDM）に進むにつれて、そこでの活動がしだいに、ただ空虚に駆けずり回っているだけのように思えてきた。指導者の理想像のように見えたハンスとはこの点で大いに違う。

そのハンスも一九三六年の党大会を機にヒトラー=ユーゲントから離れ、さらに一九三七年一一月にはゾフィーをもふくむ、ゲシュタポによる逮捕事件が起こって、BDMからの離反はほぼ決定的になった。たとえばこんなこともあった。シュトゥットガルトから上位の女性指導者が、この先何箇月どういう本を読むべきかを話し合うためにやってきたとき、ゾフィーはなんと、ハインリヒ=ハイネの詩を読むことを提案したのである。ユダヤ人ハイネの作品がすべて禁止なのは周知のことであるはずで、ゾフィーの提案は当然、色をなして拒否された。しかしゾフィーは少しもひるまず、「ハインリヒ=ハイネを知らない人はドイツ文学を知らない人です」と、あえて言ったという。友だちであるユダヤ人の女の子が差別されるのに腹を立てていた彼女のことだから、禁止は重々承知の上であろうが、それにしても勇敢な発言である。家で、あるいは家に出入りする友人たちを通して、彼女は図書館にも書店にも見出すことのできない、トーマス＝マン、シュテファン＝ツヴァイク、あるいはパスカル、ジャック＝マリタンというような内外の作家、思想家に近づくことができた。しかし彼女は、こうした読書だけで、伸びてくるナチの手を振り払おうとしたのではない。好きなデッサンや絵を描くことで自分自身への道を見出し、それによって自己を主張する力を見出したのである。一家と親しく、退廃芸術家として追放されていたベルトル＝クライ、ヴィルヘルム＝ガイヤーという二人の画家が彼女を手助けしてくれ、彼女に刺激を与えた。彼女は主に子どもを対象に描くと共に、子どもたちのためにたとえば『ピーター＝パン』のような作品のさし絵を描いた。今に残されているデッサンは、はっきりと彼女の芸術的才能を証している。家族は、アビトゥアを終えたら彼女が芸術の道に進むのではないかと予想した。

〈ドイツ青年会一一月一日〉の非合法活動による逮捕は、すぐその日のうちに釈放されたとはいえ、一六歳のゾフィーにとって衝撃であったことは疑えない。このショックは、最初のうちの父と兄との、ヒトラー―ユーゲント、ひいてはナチ体制、ヒトラーについての意見の衝突と重ね合わされて、年若い彼女に独自の判断力を養う手助けをした。

この年、一九三七年に、ゾフィーは女友だちアンネリーゼのところで、四歳年長のフリッツ＝ハルトナーゲルと知り合い、すぐに親しくなった。フリッツはポツダムの士官学校を卒業したばかりの見習士官で、そのときアウクスブルクにいた。その年の一一月から文通が始まり、あいだにときどきデートをはさみながら、運命の日一九四三年二月一八日の前々日まで、手紙が書きつづけられる。二人の意見は、軍人精神と国防軍の問題をめぐって根本的に対立した。フリッツは国粋的、保守的な思想傾向を持つ青年運動の出身で、そこでは服従、紀律、戦友愛、忠誠が中心のモラルだったから、そこから国防軍への移行には、精神的になんの障害もなかった。訓練と紀律はすでにおなじみのものであって、スポーツだった射撃が職業に、オリエンテーリングに似たゲレンデシュピールが演習に変わっただけだった。国防軍将校のうちのある部分はナチに対する拒否を隠さなかったものの、ヒトラーの軍拡政策を支持し、ナチが、ワイマル共和国時代にはなかった社会的な評価を軍に与えたことに感謝していた。

オーストリア合邦からズデーテン、さらに、残るチェコスロヴァキアを奪うことによって、戦争を目指すヒトラーの政策がますます露骨に目に見えてくると、ゾフィーにはフリッツの職務活動がしだいに疑わしく思われてきた。情報・通信隊に属してポーランド侵攻に参加していたフリッツにあてて、第二次大戦が始まってから五日のちの一九三九年九月五日、ゾフィー＝ショルは次のような手紙を書く。

「これであなたがたにも、充分に、する仕事ができるのね。これから先ずっと、人間がほかの人間によっていのちを脅かされつづけるなんて、私には理解できないわ。決して理解できないし、おそろしいことだと思うの。祖国のためだなんて、言わないで」。

次いで九月一九日。

「……戦争がじきに終わるかもしれないなんていう望みは、私たちには持てない。ドイツはイギリスを封鎖によって降伏させるだろうなんて、こちらでは子どもっぽいことを考えているけど。さあ、どんなことになるか」。

一八歳の少女の目のたしかさにはただただ驚くほかはない。そして一〇月六日には一転して、戦争の間じゅう刑務所に入っている夢を見たことを記している。首の回りに太い鉄の鎖を巻かれていたというのだが、彼女の運命を知るわれわれは、これを読むとき、なんともいえない感慨にとらわれる。もしそうであったらいのちながらえて、戦後は自由の身になっていたろうに、と思うからである。それにしても、彼女はこのころしばしば、不吉な予感に襲われる。一一月七日には、兄のことが不安になってくる。

「ハンスがまだミュンヘンにいるのは、とてもうれしいことだわ。私、兄のことがまるでバカみたいに不安なの。ぜんぜん根拠がないんだけど」。

一九四〇年三月、ゾフィー＝ショルはアビトゥアを終えた。しかし、それから半年間の勤労奉仕をすませなければ、大学に入ることはできない。一九三五年に〈勤労奉仕法〉という法律によって、男女とも半年間の無償の労働が義務化されたからである。もちろん、安い労働力を確保するためであった。ゾフィーは家族や友人たちの予想を裏切って芸術の道へは進まず（「芸術は勉強できるものではない」）、大学で生物学と哲学を学ぶ決心をしていた。しかし、すぐには大学に入れない。いやな勤労奉仕を免れるために、彼女はウルムにあるフレーベル保母養成所に入った。これまでとまるで環境が違うので、気骨が折れたが、八月になると四週間、シュヴァルツヴァルトのバートデュルハイムにある保育所で休暇実習をすることになった。財政的に恵まれた家庭に育ち、甘やかされてなまいきな子どもたちと、夜、いびきをかかなければわけもなく大声で笑い出す、ヒステリックな相部屋の女の子に悩まされたが、九月にようやくウルムに戻ることができた。

このころのゾフィーについて、いっしょにフレーベル保育養成所にいて、のちに〈白バラ〉グループに近づく女友だちのズザンネ＝ヒルツェルは、戦後になってからこんなことを言っている。ゾフィーは内面的で声も低く、恥ずかしがり屋の印象を与えたが、実は自信が強く、保育所での仕事ではないどこかほかのところに重点をおいているようなふうだった。ナチの組織は吐き気がするほど愚かでうそっぱちだと彼女はけなしつけて、「ほんとうは一所懸命に努め、ネコをかぶって上の役職に就き、そのあとでこのうそっぱちを全部暴露してやるのがいちばんいいんでしょうけどね」と言ったりした、という。保母養成所の彼女たちは、一方ではそこでの生活をけっこう楽しみながら、「他方では懐疑的で、不安な思いをしていた。いったいこの戦争、この党、人間のこの白痴化は、どういうことになってゆくのかしら?」と考えていた。

　四一年三月に、ゾフィーは幼稚園保母の試験に合格した。しかし、やっと大学に進めるという望みはまた裏切られた。フレーベル保母養成所での仕事を、勤労奉仕に代わるものと、役所が認めてくれなかったのである。それで勤労奉仕に行かなければならず、これは精神的にも、もちろん肉体的にもなかなかつらい仕事であった。仲間の女の子たちの話が、ほとんど男のことばかりなのにはうんざりした。なにしろ彼女は、このときから一年も前の一九四〇年四月九日、ドイツ軍がデンマークとノルウェーに侵攻した日に、

「……ときどき戦争にぞっとして、希望がみんななくなってしまいそう。そんなこと、ぜんぜん考えたくないのだけれど、もうじき、政治のほかには何もなくなってしまうのね。そして政治がこんなに乱れて邪悪である限りは、知らぬ顔をしているのは卑怯だわ」。

と書くような女の子である。そのときはまだ、一九歳にもなっていなかった。今は禁じられているトーマス＝マンの『魔の山』やアウグスティヌスを読む自分が、みんなの目に高慢と映っているだろうことは、はっきりと分かっていた。文学少女だったのではない。この読書は、〈砂に埋もれることのないよう自分に課したおきての一部なのだった。

　この一年の間も、彼女はフリッツと、世界観とか、それと切り離しにくい政治について話したり、あるいは手紙で意見を書き送ったりした。あるときはこんなことを書いている。フリッツは彼の、

軍人という「職業にしばられているから」、結局のところ彼女よりも「慎重に考え、もしかすると、あれこれの点で譲歩するようなことになるのかもしれない。そういう問題で意見が違う、あるいは少なくとも活動のしかたが違う場合に、いっしょに暮らしていけるなんてとても想像できない」

彼女にとって、フリッツが軍人であり、ナチに支配されるこの国のために奉公しなければならないのが、つねに心のどこかに引っかかっていた。たとえば一九四〇年八月一九日付の手紙。

「……軍人の職務は、今日では、あなたの言っているのとは違うと思うの。軍人というものは忠誠の誓いをしなければならないし、軍人の使命といえば、自分の仕える政府の命令を実行することでしょう？　明日になったら、昨日とは正反対の見解に従わなければならないことだってあるかもしれない。軍人の職務は従うことなんですもの。……私の知る限り、あなただってそんなに戦争に賛成ではないのに、四六時中、戦争のために人間を教育することしかしていないのね。……あなただってまさか、国防軍の使命が人間に純粋で謙虚な、正直な心の持ちかたを教えることだなんて思ってはいないでしょうね。……軍人に求められるものが、忠実で正直で謙虚で純粋であることというのなら、そんなことは実行できるはずがない。だって、命令を受けたら、それをいいと思おうが思うまいが、実行しなければならないのですものね。実行しなければ、軍隊からはじき出されてしまうんじゃない？」。

そして九月二三日。

「……国民に対する軍人の立場は、私には、どんな事態になっても父親と家族に味方すると誓った息子のそれとほぼ同じように思えるの。父親がよその家族に不正な仕打ちをして、不愉快なことどもが起きたら、息子は何があろうと父親の味方をしなければならない。血族に対するそういう理解を、私は持つことができないわ。つねに正義が、他のどんな、しばしばセンチメンタルな愛着よりも高位にある、と私には思える。人間が戦いに際して、自分が正しいと思った側につくことができれば、その方がいいのではないかしら。

たとえば、先生が子どもを罰したときなんか、父親がすっかり子どもの側に立つのを、私はいつも、まちがっていると思っていた。父親がいくら子どもを愛していても、よ。あるいは、愛していればこそ、ね。ドイツ人あるいはフランス人、あるいはほかの国の人だっていいのだけれど、自国民だからっていうだけでかたくなに弁護するのも、私は同じように正しくないと思うの。感情のために誤った方向に導かれるのはよくあることよね。私だって道で兵隊さんを見たら、それも音楽つきだったりしたら、感動するわ。以前には、行進を見ていると涙が出そうになったものよ。だけど、それはおばあさん向きの感傷なの。そんなものにやられてしまうなんて、こっけいよ」。

この冷静さはどうだろう。

戦後になって、長年沈黙を守ってきたハルトナーゲルは、『ゾフィー＝ショルの短い生涯』（邦訳『ゾフィー21歳』）の著者ヘルマン＝フィンケの質問に答えて、ゾフィーの手紙だけでは分からない事情を明らかにしてくれている。政治の話ではゾフィーが主導権を握っていたが、どんな問題に関しても意見が一致せず、たいていはハルトナーゲルが不承々々彼女の意見に従うことになった。つまり、職業軍人であるフリッツは、戦争中に「この戦争には反対だ」とか、「ドイツはこの戦争に負けなければいけない」などとは言えなかった。しかし、そのうちにユダヤ人迫害、とりわけ〈水晶の夜〉（一九三八年一一月九日）の事件などで、「自分が軍人として仕えているのは犯罪者政権である」ことがだんだんに分かってきた。しかし職業軍人のことだから、そう簡単に立場を変えることはできなかった。一九四一年から四二年にかけての冬に、国民は国防軍に暖かいウールの衣類を寄付することを求められた。ドイツ軍はレニングラードとモスクワの前面に布陣していたが、冬の備えを持たなかった。冬に入る前に戦争を片づけてしまおうという安易な目算が、予想を越えるソ連軍の抗戦に遭って、外れてしまったのである。ゾフィーは、「私たちは何も寄付しない」という立場を守った。フリッツはたまたま前線から戻ってきていて、ゾフィーの態度を知ると、ああいう寒冷の地で暖かい衣類もない兵士はどうなるか、と彼女に説いたが、彼女の考えは変わらなかった。

ドイツの兵士が凍死しようとロシアの兵士が凍死しようと、それは同じことで、どちらも同じようによくないことだ。でも、われわれはこの戦争に負けなければならない。いま、暖かいウールの衣類を寄付すれば、われわれは戦争を長引かせることに協力することになる、というのであった。

ハルトナーゲルはこの考えにショックを受けたという。それはそうだろう。軍人だけではなく、一般人の中にも、こういう考え方をする人がいったいどれくらいいただろう？　たとい反ナチ、反ヒトラーの考えを持つ人でも、ともかくこの戦争に勝たなければならないと思うのがふつうであった。しかしゾフィーにとっては、ヒトラーに賛成か、反対かの二つに一つであった。反対であるのなら、この戦争に勝とうと思ってはならない。ヒトラーを除くには軍事的敗北しかないのだ。ドイツに平和がもどるのは、敵軍にとって有利、ドイツ軍にとって不利なことによるしかない、という信念を彼女は抱いていた。

一九四一年八月末に、半年間の勤労奉仕は終わるはずであった。ところが、この期待はまたもやみごとに裏切られる。この年の七月末から、女子青年に対して、さらに半年間の〈戦時協力奉仕〉が課され、軍や官庁の事務室、病院などの社会的施設、または援助を必要とする家庭に配備されることになったのである。四一年六月のソ連侵攻によって戦線が拡大されたための措置であった。

それでゾフィーは四一年一〇月初めから、スイスとの国境に近い小さな町ブルムベルクの託児所で保母を務めることになった。半年間のきつい仕事を終えて四二年三月にウルムに戻り、しばらく家族のもとで暮らしてから、彼女は五月に、大学で生物学と哲学を学ぶために兄ハンスのいるミュンヘンに旅立った。アビトゥアを終えてから二年の月日が過ぎていた。

その日は初め、五月九日とされていた。この種のことで正確な日付が特定されることはめずらしい。多くの場合きちんとした記録が残されていなくて（危険な抵抗運動では当然であろう）、戦後になって初めて遠い記憶から呼び起こされることが多いからである。その中で〈白バラ〉関係の本が一致してこの日を五月九日としているのは、インゲ＝ショルの『白バラ』の記述があるからである。インゲによれば、「ゾフィーの二一回目の誕生日の前の晩のことであった。『あす、大学で勉強を始めていいなんて、まだ、ほとんど信じられないわ』と彼女はおやすみのあいさつをするときに、母に言った」。誕生日の前日は八日であり、あす出発というのだから、ミュンヘン着は九日になる。しかも到着の日、ミュンヘンで、ゾフィーは友人たちといっしょに誕生日のお祝いをするのである。この記述から、ゾフィーのミュンヘン行きの日時、五月九日は動かしがたいように見えた。ところがインゲは『白バラ』の新しい版でこの箇所を、「ゾフィーの二一回目の誕生日の数日前、彼女がミュンヘンに出発する前の晩のことであった。『あす、大学で勉強を始めていいなんて、ほとんど信じられないわ』と、彼女のおやすみのキスをするときに、母に言った」と訂正している。その間に発表された兄ハンスの手紙（一九四二年五月四日付、母あて）に、「ゾフィーはぶじこちらに着きました。部屋の準備が整うまで、さしあたり何日間かムート教授のお宅に泊めていただくことになるでしょう」と書かれているのを見ると、正確に何日だったかはこれでもなお言えないにせよ、遅くとも四日には到着していることが確実である。これまた、記憶がいかにあてにならないかを物語る一例といえる。

それはともかく、ゾフィーは五月の初めにミュンヘンに着いて兄たちのサークルに入った。しかし、前にも記したように、少なくとも初めの方の〈白バラのビラ〉の執筆と配布にはかかわっていない。

精神的な師たち

ムートとヘッカー

反ナチ抵抗運動の学生たち、〈白バラ〉グループの最初の核は、ハンス＝ショルとアレクサンダー＝シュモレルによって形造られた。二人とも、医学の勉強を始めたのは一九三九年で、第一次世界大戦の勃発に伴い、衛生兵としてフランスに出征したために一時中断したのち、四〇年秋に、学生中隊に所属しながら医学の勉強を再開した。最初に学んだ大学こそ違え、二人は、ほとんど同じ外的生活を送ってきた。ミュンヘンの学生中隊に入っていた二人を結びつけたのは、同じような戦争体験と同じような政治意識であった。四一年初めにアレックスは、父の家で催される読書の夕べ――アレックスによれば〈魂の休養〉のために神学、哲学、文学の本を読み、討論した――にハンスを招いた。アレックスの父は断固たる反体制派で、ここに集まる人々はみな、同じ意識の持ち主だった。アレックスのギムナジウム時代の友人クリストフ＝プロープストもその一人である。彼も同じく医学部学生で学生中隊に入っていた。ただ、空軍に属していたため、ハンスやアレックスとは中隊が違い、四二年一二月にはインスブルックに転属になるのだが、少なくともこのときはミュンヘンにいて、アレックスとの交友関係を通じてハンスとも親しくなった。

一九四一年秋に、ハンス＝ショルはカール＝ムートを知った。ムートは有名な文学・哲学の雑誌〈高地〉（ホーホラント）の編集者で、自身も批評家として、ドイツのカトリック刷新運動に貢献した人である。ハンスが彼を知ったのはオットー（通称オトル）＝アイヒャーの仲介によってであった。アイヒャーは一九二二年生まれ。ショル家の末弟ヴェルナーの同級生で、ウルムにおけるショル家の友人だった。アイヒャー自身の言によれば、「われわれが友だちになったのは、私がヒトラー-ユーゲントに入ることをがんこに拒んだからである。そのため私は、アビトゥアを受けることも大学に進学することも許されなかった」。

このアイヒャーが、一九四〇年秋に、ミケランジェロのソネットについて論文を書き、〈高地〉の編集部に送った。それは雑誌に掲載されずに終わったが、ムートはその筆者に関心を抱いたのであろう、ミュンヘンにこないかと招いた。その招きに応じてアイヒャーがムートに会ったのは一九四一年三月で、それから交際が始まった。しかし、やがてアイヒャーは召集され、ムートとのつながりを失いたくなかったので、ハンスを紹介したのである（アイヒャーは戦後グラフィック・デザイナーとなり、一九五二年にインゲと結婚した。それでインゲは、インゲ＝アイヒャー＝ショルと名乗るようになった）。四一年一〇月二四日、ムートはオトルにあてて次のような手紙を書き送っている。

「あなたのお友達であるあの医学生にも手紙を書きましょう。インゲの話では、ハンスはひまで、私の蔵書の目録作りを喜んで手伝ってくれるということですから。あなた自身は出征しなければならなかったときに、どれほど私を助けてくださったか、それはご承知のとおりです。神の御前であなたにそのお礼を申し上げげましょう」。

これより前の四一年七月に、ムートの主宰する〈高地〉は発行停止処分を受けていた。この雑誌は、ドイツのカトリシズムをその文化的孤立から助け出そうという意図を以て、一九〇三年に創刊され、それ以後、いわばドイツ－カトリック教会の進歩的勢力の〈メガフォン〉だったが、一九三三年にナチが権力を掌握してからは、ナチ－イデオロギーに対する闘争、〈西欧の遺産の防衛〉が本来の目的となった。ただ、きびしい検閲の目をかいくぐるために、主に歴史的な分野でいわば暗号化して、新権力者への批判を展開したのだが、それでも発行停止の運命を免れることはできなかった。

七〇歳を越えていたムートはそのために、〈自分の思い描くとおりに周囲の人間を作り上げる〉情熱を奪われていた。そういうときに、ハンス＝ショルに会ったのである。青年運動の指導者の理想像そのままといわれ、友人たちに、あるいは〈ヘルダーリンが最も純粋に、最も力強く描いたような青年〉と、あるいはまた〈テューービンゲンの修道院にぴったり〉と評されたハンス、そしてつき合った女性の友人たちに〈不気味なところがあって、ほとんどファナティックといってもいいくらい〉とか、〈エネルギッシュで気むずかしい〉というような印象を与えたこの青年こそ、カール＝ムートの目には、未来への希望を託すに足りる人間と映った。政治的、思想的に信頼できることが分かって、ムートはショル兄妹とその友人たちに期待を寄せた。できるところで彼らをはげまし、彼らと討論し、神学について教え、彼らが学ぶことができそうな人たちに引き合わせることをした。

〈高地〉の寄稿者である批評家、キルケゴール研究者のテーオドル＝ヘッカーもそういう人たちの一人で、ハンスは一九四一年から四二年にかけての冬に、ムートを介して彼の家に出入りするようになっていた。クリストフ＝プロープストも、岳父ハーラルト＝ドールンの縁でヘッカーと知り合っていた。ヘッカーは〈国家教会〉を断罪し、国家はキリスト教であるべきだが、その場合、神の正義を求めるべきであって、この世の権力を求めてはならない。従って現実の国家はキリスト教的ではなく、キリスト者はそういう非キリスト教的国家に仕えてはならない。ドイツにおいては国家と教会は分離せよ、と説いた。彼の目には、ナチの支配人種イデオロギーは自然に反し、神に反するものと映じた。こういう立場ゆえに、ヘッカーは講演も著作も禁じられていたが、ひそかに書きつづけていた『昼と夜の日記』（彼の死後一九四七年に出版された）の中から、しばしば学生たちのために朗読してくれた。〈今ユダヤ人が受けている苦しみは、キリスト者が担うべきであろう〉という再三の訴えによって、ヘッカーは〈白バラ〉グループに大きな影響を与えた、とインゲ＝ショルは書いている。あるときは、「外国にいるドイツ人は、胸の左側に鉤十字を、すなわちアンチークリストの印をつけなければならない時代がくるかもしれない」と書きとめているヘッカーであった。学生たちは、ムート、ヘッカーと、中世の教会秩序、国家秩序への賛嘆を同じくしないながら、この二人から強い影響を受け、それが彼らの自己発見のいとぐちとなったことはたしかである。たとえば〈白バラのビラ〉第一号、第三号で繰り返しパッシヴな抵抗を訴え、第四号で「ナチのテロ国家に対する戦い」の「形而上的背景」というところに、ヘッカーの影響を見ることができる。

ビラの作製

しかし、ハンス、アレックス、クリストフらのグループは、宗教的な問題ばかりを話し合っていたのではない。めいめい、政治に対する相手の基本的な考えかたを知っていたから、現下の政治、軍事の情勢について具体的な意見を交わすようになった。外国のラジオ放送や知人の手紙あるいは報告によって得た情報を交換することもあった。ヒトラー賛美が頂点に達し、だんだんに残り少なくなってきた反ナチの人たちがあきらめにおちいりそうになっていたこの時期こそ、同じ志を抱く者たちの結束が必要であった。希望のない時代にあって、この集まりは三人に、宗教的、政治的な支えを見出す助けをした。

一九四二年春、ハンスはムートに紹介されて出た会合で、関心領域の広い、博識の司法官ヨーゼフ＝フルトマイヤーに会って親しくなり、このフルトマイヤーに、建築家マンフレート＝アイケマイヤーを紹介してもらった。この人が、〈白バラ〉グループのビラ活動に重要な役割を果たすことになる。彼は大学の北に伸びるレオポルト通り三八番地aに、孤立して建てられたアトリエを持っており、そこを朗読会、討論会の場として学生たちに貸してくれたのである。それまで彼らには、自由に使えるそういう場所がなかったのだ。〈白バラのビラ〉第二号に述べられている、占領地ポーランドにおけるドイツ軍の残虐行為も、アイケマイヤーから聞いたのだった。彼はのち、次のように回想している。

「ある朝、ドアの前に一人の若い男が立って――それは〔一九四二年の〕三月か四月だったに違いない――ショルだと自己紹介をした。私はもう彼のことは聞いていた。友だちのフルトマイヤーと私は、今の状況について私たちの話相手になれ、何かをやれる若い人を捜していた。われわれはすぐに理解し合い、私は彼に占領地区内のクラクフでの私の体験、親衛隊の行ったポーランド人、ロシア人の射殺の話をした。私はその地で建築技師をしていて、そこに建築事務所を持っていたのだ。私は自分の建築活動を通じて、諸処方々の兵営建設地を経巡り、そこでドイツ軍がどういう振舞いをしたかを見た……」。

このアトリエの地下室で、〈白バラのビラ〉は作製された。文章を書いたのはハンス＝ショルとアレックス＝シュモレルで、作製の実際的な仕事にあたったのは、主としてアレックスである。彼がタイプライター、謄写器、原紙、紙を手に入れたのだった。一九四二年の六月、七月に、おそらく最初の四号までが作られ、配布された。初めはおのおの数百枚が印刷されたが、あとで少し増えたようである。その間、ハンス、アレックス、クリストフのほか、四月にヴィリー＝グラーフ、五月にゾフィー＝ショルが、グループに加わった。それを取り巻いて、ユルゲン＝ヴィッテンシュタイン、フーベルト＝フルトヴェングラー、トラウテ＝ラフレンツ、カタリーナ＝シュッデコップ、ギーゼラ＝シェルトリング、アンネリーゼ＝グラーフといった人たちがいた。ビラの作製にたずさわったのは主としてハンスとアレックスで、クリストフもかなり密接にかかわったものと思われるが、ただ一人家庭持ちで子どももいた彼のことはみんながかばい、記録に残さないよう注意していたために、どの程度関与したのか、はっきりとは分からない。あとの方のビラには、ゾフィー＝ショルとトラウテ＝ラフレンツがある程度関与していたであろうと思われる。

こうして、ゲシュタポのきびしい監視の目をくぐって学生たちは、学生中隊で、コンサートで、バッハ合唱団で、フェンシング練習場で、あるいは読書会でというふうに、さまざまな場所で少しずつサークルの輪を広げていくのだが、その場所は、大学の中というよりはむしろその外であった。大学の多数の学生の中には、ファナティックなナチ党員もいれば、もちろんスパイもいた。そういうなかで、彼らはどのようにして同志を発見していったのか。ハリー＝プロスはその著『ヒトラー前後』（一九六二年）の中で、次のように述べている。

「最近ファビアン＝フォン＝シュラーブレンドルフがある学生に、体制の敵はお互いにどうやって味方を見わけ合ったのかと尋ねられたとき、『皮膚病のロバ同士は、七つの丘を越えた遠くからでもお互いのにおいをかぎつける』と、聖書の言葉を引いて答えた。これにまさる答えはない。この答えには深い真実がふくまれている。というのは、親しい友人を見つけるという喜びで、暗い時代が明るくなるからである。その喜びの中から、救いの行為が育つ。もはや一人ではなく、お互いに喜びを与え合い、理解し合うというしあわせが、独裁政治の殻を打ち破る」と。

この学生たちのグループに加わって、のちには抵抗のビラをみずからの手で書き、共に処刑された大学教授がいる。ミュンヘン大学教授クルト＝フーバーがその人だが、このときはまだ、会合でいっしょになって議論したり、呼ばれて講演をしたりするだけのかかわりしかなかった。

クルト＝フーバー

インゲ＝ショルは『白バラ』の中で、「学生たちは一人の教授を発見していた。彼は、ある学生の保証するところでは、全学のピカ一であった。それはクルト＝フーバー教授、ゾフィーの哲学の先生で、そのかたわら特に民謡研究で名をなした人である」と、述べている。彼の講義は、音楽美学でもライプニッツでも形式論理学でもたいそう人気があり、早めに行かないと席がとれなかった。そこは大学の中で精神の支配する唯一の場所で、〈白バラ〉グループの学生たちはほとんど全員、フーバーの講義と演習に参加していた。

クルト＝フーバーは一八九三年、スイスのクールに生まれ、一家はその四年後にドイツのシュトゥットガルトに引越した。家庭環境はブルジョワ的で、人文主義の理想に基づく教育に主眼がおかれた。父は教育学者の家庭の出で、自身も教師だったのである。家庭は音楽教育にも熱心で、クルトは幼いときから母にピアノを教えられ、父からは和声学と対位法を学んだ。家庭の雰囲気は、その他の点でも彼の成長に強い影響を及ぼした。早くから本に埋もれ、作曲を始めたのも早い。

一九一一年に父が死に、その一年後に母は、大学で学ぶ息子たちといっしょに暮らそうとして、ミュンヘンに引越した。クルトは第一次大戦中、ミュンヘン大学で音楽学、哲学、心理学を学び、一九一七年に音楽学で学位論文を書いた。大学教授の資格を取得するための論文は、一九二〇年に音楽心理学をテーマとして書かれたものであった。一九二六年にミュンヘン大学の助教授になったものの、無給で、講義委託によるわずかな収入しか確保することができなかった。講義は実験心理学、特に音響・音楽心理学、心理学的民謡学に関するもので、哲学の領域では方法論であった。また、バルカン、南フランス、スペインに旅行して、転写あるいは蠟盤への直接の録音によって、重要な民謡を収集し、さらに古バイエルンの全民謡を体系的に収録するなど、とりわけ民謡学での調査と研究によって、内外の専門学会で著名な存在となった。世代から世代へ口でのみ伝えられてきたものを、こういう形で体系的に保存し、忘却から守るのは、諸種の機器、交通手段の発達した今日ならばいざ知らず、その当時としてはすぐれた業績として高く評価しなければならない。

一九三三年にナチが政権を獲得したとき、もともと保守的で反コミュニズムの傾向が強かったフーバーは、当時の多くのインテリと同じく、それを保守的な革命と理解した。ナチは、保守的な市民階級の中にある非合理的、反近代的な潮流を利用し、自らを国民生活の中の破壊的な力の超克者と称して共感を得たのである。ナチは民族性の育成を重視したから、フーバーには、民謡の育成によって〈民族の魂〉を救おうという自分の考えと遠くないように思えた。しかしそれからのち、三三年五月の焚書事件を初めとする社会全般、狭くは大学内における事態の推移は、フーバーのイリュージョンをぶちこわした。多くの同僚と違ってナチ党に入党しなかった彼だが、そのために、苦しい財政状態は改善されなかった。しかし学者としての評価は高く、一九三六年にバルセロナで開催された国際民族音楽会議にドイツ代表として出席し、一九三八年にはベルリンに新設される民謡資料館の館長に任命されることになった。フーバーは、一九三七年一一月に行われた身元調査にも明らかなように、政府筋にも受けがよかったのである。

「最近までミュンヘン大学の哲学部に所属する哲学の教授クルト＝フーバー博士は、その狭義の専門においてすぐれているのみならず、音楽美学ならびに、特に国民的な民謡研究と民謡保護の領域において、ドイツの学術研究のために立派な業績をなしとげた。……性格的には、フーバーについては最上の賛辞しか述べられない。彼は誠実で率直な純ドイツ的人間であり、一切の苦難、特に長年彼をはなはだしく苦しめてきた物質的苦難に対する雄々しい闘士である。……フーバーはすぐれた実験心理学者である。彼は特に音響心理学が専門で、この領域ですぐれた業績をあげた……」。

しかし、彼はベルリンで雇用者側の言いなりにはならなかった。ナチの人種イデオロギーを拒否し、それと矛盾する自分の研究の成果をねじ曲げようとはしなかったのである。学者としての誠実が、それを許さなかった。先に引いた調査書は、「たいへん強いものとはいえないが、世界観的、カトリック的な束縛が、自由主義的な学術観からくる伝統的な偏見と相俟って、彼が哲学史の講義で、今日《こんにち》、中心になっている諸問題をほんのわずかなりとも把握することをさまたげた」と締めくくられている。彼の館長就任をさまたげたであろう、この束縛と偏見こそ、彼の学者としての良心のあかしであった。ある大学教授選考委員が彼に、「われわれは将校にもなれる教授しか必要としない」と語ったことがある。事実、親衛隊将校でもある大学教授は多く、この場合おそらく精神面でのことを言っているのだろうが、フーバーには脊髄性小児麻痺の後遺症があって、そのために〈いちじるしく活動をさまたげられている〉という記述が、先に引いた調査書の中に見出される。その後フーバーは〈物質的苦難〉のために、やむなくナチ党に入党して月給を上げてもらった。この屈辱感から、ナチ体制に対する彼の敵意は憎悪に変わった。彼は反ナチの態度を隠そうとはせず、親衛隊准将でヒトラーの友人と称し、〈アーリア人種の文化と言語学〉を講義していた学長ヴァルター＝ヴューストやファナティックなナチの教授団にはおもしろく思われていなかったが、学生には人気があって、講義室はいつも満員だった。

彼はユダヤ人だとして黙殺あるいはネガティヴに評価された哲学者スピノザ、フッサールらを無視することを拒み、そうすることによって自分の身が危険にさらされることを恐れなかった。そういう哲学者の著書から引用するとき、フーバーはときどき微笑しながら、この人はユダヤ人だよ、毒にあてられないように気をつけたまえ、とつけ加えたという。フーバーがナチの線から外れた自分のテーゼを主張する勇気に、グループの学生たちは感心もし、心配もした。教室にはゲシュタポのスパイも、ナチ学生同盟の会員もたくさんいたからである。ゾフィーは入学して最初の学期にフーバーの〈ライプニッツとその時代〉という講義を聴講した。これは啓蒙時代に仮託して、今の時代を啓蒙するのによい機会だった。グラーフは〈音響・音楽心理学〉に聴講登録をしている。

一九四二年六月、こういう気分にあったフーバーは、ある会合の場でハンス＝ショルを知った。二人はすぐに親しくなった。ファナティックなところのあるハンスの個性は、フーバーに解放的な働きをし、ハンスはフーバーの強い反ナチの意思とすぐれた知性とに引きつけられた。それから七月、フーバーはミュンヘン市の南部地区ハルラヒングにあるシュモレル家で催された集まりに、ハンスに誘われて参加した。このとき初めて彼は、アレクサンダー＝シュモレルとトラウテ＝ラフレンツを知った。この集まりをフーバーは公判での弁論で七月末と述べているが、それはおそらく記憶違いであろう。なぜなら、それからしばらくの時をおいて（フーバーは、「シュモレル家の一夕ののち、私はショルとは、ときどき講義の終わったあとで、数人の女子学生や男子学生たちといっしょに会っただけで、そういうときにはちょっと言葉を交わしたにすぎない」と述べている）、学生たちは学期の終わりの休暇に東部戦線に見習い軍医として配置されることがきまり、その前日、七月二二日の晩に催された送別会に、フーバーも出席しているからである。送別会の場所はアイケマイヤーのアトリエで、フーバーは、「能力のある若い学生といつでも接触を保っていたかったから」出席したのである。彼の言うところでは、「会が始まるとすぐ、学生たちは戦線でどういう態度をとるべきか、という問題が論じられた。そのときシュモレルは、私の知るところでは初めて、漠然たる表現で抵抗を提案したが、われわれ他の者及びショルは、それをはっきりと拒絶した。私自身は、学生たちは国防軍の側に立って、親衛隊の専横と兵士の〈政治化〉に対抗すべきだという意見であった。そのときにもまだ私は、ショルが〈白バラ〉のビラを発行したということを知らなかった」。

一〇時四〇分ごろにアトリエを出たフーバーは、「インスブルックの人に停留所まで送ってもらった」と言っているが、このインスブルックの人とはおそらくクリストフ＝プロープストのことであろう。フーバーが彼を知らなかったことは、この言いかたによっても分かる。このときの会合について、ヴィリー＝グラーフは同日の日記に、「晩にアトリエで。われわれは何をなすべきか？夜遅くまで」と書き入れている。また、シュモレル、フーバー、グラーフその他に対する起訴状には、「初めは文学の話だったが、やがて政治にも話が及んだ。その際、戦争はドイツの負けだという意見が優勢であった。そして、ナチズムに反対するポスターを作製すべきかどうかという問題が論じられた」とある。フーバーはこの夜、戦争を終わらせるのに適している手段なら、非合法の宣伝だろうが、どんな形のサボタージュだろうが、あるいは暗殺計画だろうが、何にでも賛成するほど興奮し、カタリーナ＝シュッデコップの報告によれば「まったく度を失っていた」という。

東部戦線での体験

学生中隊の出動

一九四一年にいったんモスクワを包囲したドイツ軍は、総攻撃に失敗して敗退し、四二年七月に南部で新たな攻勢に出た。ハンス＝ショル、アレックス＝シュモレル、ヴィリー＝グラーフ、フーベルト＝フルトヴェングラーらの所属するミュンヘンの学生中隊にも出動命令が下り、一行は七月二三日にミュンヘン東駅を出発して前線に向かった。クリストフ＝プローブストは所属が違うために居残った。二六日にワルシャワに到着して、ヴィリーは日記に書き入れる。

「正午にワルシャワ。……午後遅く市内に行く。悲惨がぼくたちを見つめる」。

そして翌二七日。

「こんな様相と条件のもとにあるワルシャワを、二度と見ないですめばいいと思う」。

C・ペトリは『処刑される学生たち』の中で、グラーフのこの記述を引用したあとにつづけて、「しかし学生たちはロシアへくるや否や、すっかり気分が変わった。国土と空の広さが彼らを圧倒したのである。まったく非政治的でロマンティックなロシア体験の前に、政治的なことはどこかへ消え失せた」と書いているが、これではあたかも、ロシアに悲惨が存在しなかったかのようであるし、彼らが戦場にいる間、政治的なこと、つまりはナチに対する抵抗のことを考えなかったように聞こえる。悲惨はもちろんあった。

八月一日、ロシアに入ってからのグラーフの日記。

「午後ヴャジマに到着。さらに、前線集合場所へみじめな行軍。最初の割り振り。宿舎に泊まる。五人で市中をぶらつく。不潔、悲惨、ドイツの行進曲。丘の上、家々と瓦礫の真ん中に教会」。

そして、八月二日。

「午後、ちょっとのあいだロシアのマーケットに行くと、妙なものが売られている。悲惨がこれほど表に出ていることもめったにない。……グザツクへ出発。……一〇時ごろグザツクに着く。……高い家々の廃墟が、日に照らされて幽霊のようにそびえている」。

ハンス、アレックス、ヴィリーはみな、西部戦線での経験を有し、ヴィリーに至っては、この年四月の初めに東部戦線から帰還したばかりであった。それでもなお、彼らの目に映じた風景は、悲惨ないきどおろしいものだったことはたしかである。ただし、この点で彼らに幸いしたのはアレクサンダー＝シュモレルの存在である。八月一七日付のフーバーへの手紙を見よう。

尊敬する先生！

長い、変化に富む旅のあとで、私たちは二週間前に、ヴヤジマの東にある、砲撃で半ば崩れた小さな町に到着しました。ここで私たちは無為に日々を過ごしています。〈仕事〉がしたいと思っているわけではありません。医学をやっているのも、特別空っぽな時間から逃れるためだけなのです。降りつづく雨もさまたげにはなりません。もっと本質的な事柄でいまいましいほどに非活動的なこと、逃げ道のないこと、隔絶していることに、しばしばおそろしく腹立たしい思いをしております。学生中隊全員がまだいっしょにいたワルシャワから、お葉書をさしあげるつもりでしたが、ことがあまりに早く運ぶので、果たせませんでした。町やゲットーや、それに伴う何もかもに、みんなたいへん強い印象を受けました。ロシアの国境を越えた最初の日から、私の上に襲いかかってきたものを漠然とでも書き記すことは不可能です。どこから書き始めたらいいのか分からないのです。ロシアはどの点ででも、まあ果てしがないといっていいほどおそろしく大きく、その住民の郷土愛も果てしがありません。戦争は雷雨のように国土の上を通り過ぎていきます。でも、雨のあとに、また太陽が輝きます。苦悩が人間の全身全霊をつかんで浄化します――しかし、やがて人間はまた、朗らかに笑い出すのです。

私は先生もご存じの三人の親友と同じ中隊におります。私には、ロシアの友人がとりわけ大切です。私もロシア語を覚えようと一所懸命です。私たちは、晩にはロシア人のところに行って、いっしょにブランデーを飲んでは歌を歌います。

ではお元気で。

ハンス＝ショル
及びアレクサンダー＝シュモレル
及びヴィリー＝グラーフ
及びフーベルト＝フルトヴェングラー

学生たちのロシア体験

ワルシャワでは町やゲットーの様子に強い印象を受けているのに、ロシアに入るとたちまち、あらゆる面でその大きさに圧倒されていることが分かる。ロシアの友人というのはシュモレルのことで、ロシア人を母として、完璧なロシア語を話し、ロシア的なものが深く身にしみこんでいるシュモレルにとっては、故郷に帰ったようなものだった。ただ、敵としてきているのだから、心中に複雑なものがあったろうことは否めない。のちに公判のとき、ドイツの軍人としてドイツ兵をもロシア兵をも射撃しない決心をした、と述べている。シュモレルのおかげでハンスたちはロシアの農民と親しくつき合うことができ、ドストエフスキーを主とするロシア文学を肌で理解することができた。彼らはしばしば農家に行って、農民の歌に耳をかたむけ、その踊りを見た。ちょっとした祝いごとにも参加し、ロシア正教の礼拝にも列席した。衛生部隊だったから、病人の診療をしてやることもあった。本来、敵国民と仲よくすることは厳禁されており、住民が集会や祝いごとを日没後に行うことは許されていなかったから、このようなコンタクトを維持することは容易ではなかった。彼らはナチの宣伝するようなボルシェヴィズムからの解放軍としてではなく、侵略軍の一翼としてロシアにやってきたのだが、その日常は、彼ら自身にもそう意識されるようなものではなかった。グラーフは「ドイツ人に対するいきどおりがどんなに大きいものであるかに驚く。まさしく嫌悪といっていい」と日記に書き込んでいるが、この当然のことに驚くのが一〇月二〇日、すなわち、彼らがロシアを去る一〇日ばかり前のことなのだ。これには私たちも驚いてしまうが、それだけ、侵入軍である彼らのロシア体験が特殊なものであったことが窺い知られる。

友人のヴォルフ＝イェーガーは述べる。

「一九四二年夏以後、とりわけ私とショルその他の友人たちとを分かったものは、東部戦線における根本的に異なる経験であった。私は負傷して、いわば送還を待っていただけではなく、ありとあらゆるおそろしい光景を見た。それに反して学生中隊の友人たちは、明らかにそういうことにはあまり関係せずにすんで、意気揚々と帰還した」。

シュモレルを中心とするロシアでの医学生サークルの生活は、実際例外的で、とうてい戦場でのものとは思えなかった。そのサークルの一人フルトヴェングラーは報告する。

「このころのわれわれの生活は、ほんとうのところ軍隊生活と呼ばれるようなものではなかった。

それ以前の生活だったのだ。われわれは傭兵（ランツクネヒト）〔中世に農民から徴募され、ロマンティックな雰囲気を発散する〕であり、理想主義に燃え、ロマンティックで、青年の客気に駆られていた。しばしば、ステップに馬を飛ばし、森を駆けぬけ、ロシア人と会っては彼らの家で夜を過ごした」。

このときの彼らの生活ぶりを知るために、ハンス＝ショルとヴィリー＝グラーフの日記と手紙から引用を試みることにする。

「晩に、兵営で働いているおばさんの家でロシアの歌を聞く。戸外にすわっていると、木立ちのうしろから月が昇ってくる。……娘たちはギターの伴奏で歌い、われわれはバスでハミングを試みる。愛するロシアの心がじかに感じられて、なんともいい気分だ」（八月二二日、グラーフの日記）。

「ぼくたち（ハンスとアレックス）は二人とも、いつも元気です。ぼくは一日中、たいてい友だちのアレックスといっしょに途方もなく広い森の中を歩き回り、夜にはロシアのお百姓の家にすわり込んで、お茶か火酒を飲んでは歌を歌います」（八月二四日、母あてのハンスの手紙）

「お昼にロシア人たちは楽器を鳴らす。ギターとバラライカだ。ほんとうにすばらしい。晩になってから、みんなでヴェラの家に行く。彼女の歌から、ぼくとこの国を結ぶ調べが流れ出す。……すばらしい晩だ。火酒があり、みんなで歌を歌ってダンスまでするなんて……」（八月三〇日、グラーフの日記）。

「年とった漁師を知って、友だちになりました。ぼくたちはよく、朝早くから日が暮れるまで、川岸にすわり込んで、キリストの時代のペテロみたいに釣りをします。それにぼくは、ここの宿営で、捕虜と何人かのロシア娘とでコーラスを編成しました。最近ぼくたちは夜中まで踊りつづけ、そのおかげで、次の日に骨が痛むという始末です」（九月二日付、母とインゲとゾフィーあてのハンスの手紙）。

八月二九日のグラーフの日記に、「ハンスとアレックスは一日中、年とった漁師といっしょに釣りに行った」と書かれているのも、そういう機会の一つだったのであろう。だが、もちろんそういうのんびりした世界ばかりではない。

「ぼくたちはしばしばお百姓の家にすわり込んで、歌を歌い、すばらしい古い歌曲を演奏してもらった。そうすると、ちょっとの間、ここ、ぼくたちの周囲で起こる悲しいこと、恐ろしいことをすっかり忘れてしまうこともある。ロシア人のところで、ぼくたちはすばらしい午後と夜を過ごした。——一方、遠くで砲声、銃声が沈黙することはめったになく、ぼくたちは病人と負傷者の世話をしているのだが。ぼくたちの周りには二つの世界がある。……きみもこの人たちの運命に共感していることを、ぼくは知っている。彼らはぼくたち同様、ひどい苦難と恐ろしいことどもに耐えなければならないのだ」（九月二四日付のグラーフの手紙）。

ロシア人の身にもなってやらなければならない。

「……晩にぼくたちはロシア人のバラックにすわり込んで、彼らの故郷の歌を聞く。彼らの顔は張りを失って、目は茫然と遠くへ向けられている。と、一人が歌い出し、他の人たちのコーラスが加わった。それはとてつもないもので、時間があまりにも早く過ぎるのを覚える」（一〇月四日のグラーフの日記）。

右に引用した、九月二日付のハンスの手紙には、めずらしく戦闘のことが書かれているが、それも、「初めのうち、グザックは毎夜ロシアの砲兵に砲撃されましたが、一週間ばかり前からそれも止んでいます。ですから、戦争という観点からは今のところ、ぼくたちにとってまったく危険はありません」という程度である。見習軍医なのだから、むろん「日夜、苦しむ人々のうめき声を聞くばかりで、夢をみれば、見捨てられた人々のため息を聞く」（八月二八日のハンスの日記）こともあるし、「まだ多くはない」が、「毎日一〇人は人が死ぬ」。

「しかし、全般的に見ると、月光を浴びながらの騎乗、歌、バラライカ、ウォトカ、ドストエフスキーなどがシュモレルとその友人たちのロシア体験を規定していたことはたしかである」（C・ペトリ）。

ロシアの広大な国土とその自然の美しさ、ロシア農民の歌と踊り、それらと密接に結びついて、ロシアの魂を歌うドストエフスキーに魅惑されて、ハンス＝ショルとヴィリー＝グラーフの手紙と日記はほとんどそれらで埋め尽くされる。それをふまえてC・ペトリは、「非政治的でロマンティックなロシア体験の前に、政治的なことはどこかへ消え失せた」と書くのだが、そうまではっきり断定していいのかという疑いはどうしても残る。これでは出征前のビラによる抵抗運動と、帰還後の活動との間が空白になってしまう。少なくはあるが、その間をつなぐ記述がまったくないわけではない。たとえば九月二日の手紙で、ハンスは母親、姉インゲ、妹ゾフィーの三人にあてて次のような手紙を書いている。

「ぼくにはここでは、無為のための時間、つまり沈思黙考のための時間がたっぷりあります。これはぼくたちみんなが必要とするものです。たしかにミュンヘンでの最後の何週間かは、すばらしく、貴重でしたが、あわただしかったために、充分に熟さない考えがいくつもできてしまいました」。

それより前、八月一八日には、日記に次のような夢の話を書き留めている。

「夜な夜な支離滅裂な夢を見る。ぼくは山を見ることができればと思って、他の連中からちょっと離れて行こうとした。断りも言わずに連れの大集団から別れ……町の外まで行った。そこにしばらく立ったまま……景色を眺めた。目の前に深く切れ込んだ谷が開け、銀の帯のようにうねる川が見えたが、その他は……すべて緑だった。……長い間、夢でそういう景色を見ていたが、そのあとでようやく、谷に架け渡されたおそろしく高い鉄橋に気づいた。躊躇なく鉄橋に向かって歩き、おそるおそる谷底をのぞくと、軽いめまいがした。それでも元気に歩を進めた。突然、たといいのちにかかわろうと、どうしてもこの橋を渡らなければいけないのだ、ということが分かった。と、そのとき、鉄の橋がぼくの足の下で急に前へかたむき始め、傾斜がどんどん急になって、やがて谷底に垂直にぶらさがった。もう、這い降りるしかなかった。……しっかりとつかまりながら、一段一段と降りて行った。……これはちっともむずかしくなかった。ただ、むずかしく思われたのは、このファンタスティックなはしごの下で、ぼくをすぐに逮捕しようとぼくの到着を待っている数人の男たちの手からどうやって逃れたらいいかということだった。どうしたらいいかをぼくはじっくり考えた。逃れようはない、とぼくは自分自身に言った。そして、地面に着いたとき、ぼくは自分から進んで捕らわれの身となった――等々……」。

まさしく危い橋を渡っていることをつねに意識しているのではないかと思わせる夢だが、それでも、具体的に抵抗運動ないし反ナチ的な考えかたに触れている記述がまったく見当たらないことはたしかである。

ロシア体験の影響力

しかし、旧東ドイツの歴史家カール＝ハインツ＝ヤーンケは、C・ペトリの〈非政治的なロシア体験〉というテーゼに反論を唱える。広大で美しいロシアの風景がドストエフスキーの読書と結びついて学生たちに深い印象を与え、それが彼らの抱く〈ロシア像〉を深化するのに寄与したことは否定できないが、この三箇月あまりのロシア体験の意義をこの点にのみ見ることは誤っている、ないしは少なくとも一面的である。反共教育を受けていた彼らの世代は、実際にロシアの土を踏んで、それまでの考えを再検討することができた。東部戦線での経験と、将来の活動の目標と内容を定めるのに大いに寄与するところがあったのだ、とヤーンケは〈ショル兄妹とその友人たちの抵抗〉という副題を持つ著書『白バラ対鉤十字』（一九六九年）の中で説く。その彼の所論をなお少し追ってみることにしたい。

まずアレクサンダー＝シュモレルの問題がある。彼はロシア人女性を母としてロシア人の子守りに育てられたから、ロシアは故郷のようなものだった。それで彼は、グループのロシアでの生活に重要な役割を果たし、大きな影響力を持った。その彼はロシアについてどう考えていたか。両親にあてて、彼は次のような手紙を送っている。

「ぼくは何度も、ロシアの住民と大いに語りました。相手は素朴な民衆だったりインテリだったりですが、とりわけ医者とはよく話しました。いつでも、とてもいい印象ばかりです。今日のロシアの住民と、今日のドイツあるいはフランスの住民とを比べてみると、驚くべき結論に達します。ロシア人の方がはるかに若く、生き生きとして、気持ちがいいのです。そして奇妙なことに、ボルシェヴィズムについては、すべてのロシア人の考えが一致しています。彼らがこれほど憎むものはこの世にないのです。そして、これは一番大事なことですが、戦争がドイツにとって不利に終わっても、それでもボルシェヴィズムは決して戻ってこないでしょう。もう決定的に片づけられてしまったのです。ロシアの民衆は、農民も労働者も、ボルシェヴィズムを憎みすぎるほど憎んでいます」。

それからもう一通。

「ロシアの民衆は、ボルシェヴィズム支配下の二〇年の間に、歌ったり踊ったりすることを忘れはしませんでした。どこへ行ってもロシアの歌を聞くことができます……」。

C・ペトリは〈ロシアにおける学生中隊〉という章にこの二通の手紙を引用し、あとの方の手紙の前に「八月二八日の手紙にはこう書かれている」としながら、注には八月五日の手紙と記す。前の方の手紙には日付がないから、それに付けるべき注が、間違ってあとのものに付けられたのではないかと思われる。どっちがどっちでもいいが、いずれにせよ別のときに書かれたものと推察される。そして、この手紙がヤーンケには困りものなのだ。彼は、シュモレルとソ連との関係が反共的な留保から自由でなかったことは知られている（この手紙のことを言っているのだが、おそらく意識的に、直接引用はしていない）と書きながら、それでもシュモレルは友人たちとの話の中で、ヒトラー－ドイツがソ連に侵入したあとでは、自分の共感は脅かされた民衆の側に寄せられているということを決して隠そうとはしなかった、と言って、注にシュモレルの起訴状を引用する。

「彼はショルが反ナチズムの考えを持つことを知っており、ナチズムをロシア民族の敵と見る立場でショルと一致した。つまり、ロシアを支配する体制にもかかわらず、ソビエト連邦との戦争が勃発したのちにも、彼の共感はロシア側に寄せられ、彼はロシアがドイツ軍の進攻によって多大の領土損失を被るのではないかという考えに脅かされていた」。

しかし、これを以てしても、シュモレルがボルシェヴィズムに好感を抱いていなかったことを打ち消すには足りないであろう。言葉としては「ロシアを支配する体制にもかかわらず」くらいしか見つからないが、手紙の全体からは、彼がロシアの民衆に好意を寄せこそすれ、少なくともこの時点ではその支配体制に否定的だったことが読み取れる。ただし翌一九四三年には、フーバーとの意見対立から、シュモレルの考えかたに変化が起きていることが分かる。

次に、ハンス＝ショルである。

クルト＝フーバーはのち、民族裁判所における弁論で次のように述べている。

「晩秋にショルは戦場から手紙をよこし、前線の印象を知らせてきた。私はその手紙に驚かされた。彼は以前ロシアに対して激しい戦闘的立場をとっており、その点私は彼にたいへん共感していたのだが、この時の手紙では、ロシアの状況を、はるかに好意的に、部分的には肯定的にさえ評価するように変わっていたのである。彼はクリスマスの少し前に私をちょっと訪ねてきたとき、口頭でその話をした。そのとき初めて、私は彼の口から彼が〈白バラ〉を発行したことを聞いた」（C・ペトリ『処刑される学生たち』）。

ヤーンケも旧東ベルリン、マルクス・レーニン研究所の党中央文書館にある裁判記録から、フーバーの別の発言を引用している。

「ショルが戦場にいた間、私は彼から手紙をもらった。その中で彼は、ロシア人についてまったく別のイメージを得たと私に報告してきた。前にはショルは猛烈なボルシェヴィズム反対論者だった。しかし、この手紙の内容に従って、私は彼が完全に考えを変えたと推論せざるを得なかった」(『白バラ対鉤十字』)。

同じフーバーの言葉だから違うはずもないが、この二つは内容的にほとんど同じである。それに従えば、ハンス＝ショルはロシアへ出征する前は激しい反共主義者だったことになる。ところがヤーンケの注によれば、一九六六年一一月二九日に、ハンスの父親であるローベルト＝ショルは、ヤーンケに直接、フーバー教授のこの言葉は明らかに誤りだと語ったというのである。ショル家では繰り返し、ソ連における発展が話題になり、特にローベルトは父親として、一九四一年六月二二日、ソ連へのドイツ軍の侵入ののち、ハンスとも話をして、二人はこれがファッショ・ドイツの最期を意味するということで意見が一致した、という。〈ソ連における発展〉というのは、結局、スターリン独裁政権の確立ということになると思うが、このローベルトの発言には、フーバーの表現をやわらげることはあっても、打ち消すだけの内容はないのではないか。

これもヤーンケによれば、フーバー教授についてのゲシュタポの書類から、ハンス＝ショルがロシアの農民と話したら、彼らが革命後は以前よりもはるかに生活がよくなったと言っていると、フーバーに報告したことが分かる。

それからもう一つ、ドストエフスキーの問題がある。ショルとグラーフの日記と手紙から、彼らが一九世紀のロシア文学に親しんだことが分かる。ところが、一九世紀といっても、書かれているのはドストエフスキーのことばかりで、ほかにはプーシキンやゴーゴリ、ツルゲーネフが名前だけ出てくるにとどまる。ゴーリキーはもちろん、トルストイさえ一度も名前が出てこない。

「ここでぼくは、中部ヨーロッパでとは違うしかたでドストエフスキーを体験する。毎日毎時、ほとんどすべての人間が同じことを体験し、彼らの投げやりな歩みの前に、思いがけなくも深淵がぽっかり口をあけている。……ただ一人だけ、目をあけて人間たちの世界を見ている人がいる。彼は、すべての被造物が憐れみと救済を求めるのを見ている。この人はロシア最大の詩人だ。……ぼくはここでドストエフスキーを理解する」（八月一六日、ハンスの日記）。

そしてヴィリー＝グラーフは、九月二四日付の手紙で、三度目にドストエフスキーの『罪と罰』を読んでいるところだと告げたあとで、「その前何週間かの間に数人のロシア人と近しくなったので、とりわけドストエフスキーがぼくにとって重要な存在になった。アレックスといっしょにいるおかげで、ロシアという国がぼくの前にだんだんと姿を現してきた。以前、この国はぼくにとってほとんど未知、少なくとも不可解だったのだが。彼はぼくたちに、ロシア文学についていろいろと話してくれた。……そのあとで、ぼくはドストエフスキーを読んだ。それから、いろんなことがほんとうにはっきりしてきた」と記し、さらにつづけて、「農民、漁師、職人といったきわめて平凡な人たちがドストエフスキーを知っていて、その作品を読んだ――それも表面的にではなく、生き生きとした精神を以て――ということは興味深い。ドイツについてはそういうことは主張できないだろう。実際にゲーテのような詩人を知っている人はそうざらにはいないだろう。しかしここでは、詩人はほんとうに大衆的で、また理解されてもいる。これ以上ロシア語ができないのはたいへん残念だ。何人もの人と実際に話ができたら、こんなにすばらしいことはなかったろうに！　それには、違う状況のもとに、三箇月この国にいさせてもらわなければなるまい！――(目下の生活条件のもとでは、そんなことはまったく想像することも許されない)」と述べる。

ロシアの戦場でドストエフスキーを読んだあとでは、ゲーテが前とは別なふうに見えてくる。

八月二二日の日記にハンス＝ショルは、

「ゲーテはかつて、この上なくひどい窮乏に苦しんだことがあるだろうか？　一度でもみじめな目に会ったことがあるだろうか？　…彼はビロードと絹のマントに深く身を包み、不死身のジークフリートのように、人間の悲惨の深淵を通り抜けて行った。彼は決してその誇り高い頭を垂れず、夜、裸で傷ついて地面に横たわっていたこともないし、空腹のために絶望せんばかりに苦しんだこともない。……彼の心はつねに星に向けられていた」と書き、同じ日記のあとの方に、「ゲーテはぼくの前にほとんど贋の神のように大きく、近寄りがたく立っているから、ぼくにはなじめない。ぼくは彼の脇腹に槍を突き刺してやりたい。彼を傷つけてやりたいし、彼が血を流すのを見たい――そうしたら、彼に共感し、彼が好きにもなれるだろう。……ゲーテよりも美しく詩作のできる者はいない。……しかし、混沌を彼は歌いはしなかった。着ているりっぱな着物を全部脱ぎ捨てることなんかしなかったし、極貧の人々や病人の間を歩くこともなかった。それには王座から下りなければならなかったろうから、できなかったのだ。下りて行けばすむというわけのものではないことを、明晰な彼の精神が彼に告げたからだ。……」と記す。

〈白バラのビラ〉第一号にその作品〈エピメーニデスの目覚め〉の一部を引用されているゲーテが、ロシアの戦場で〈罪の中からキリストに行き着いた〉ドストエフスキーを読んでからは、内面的にはともかく、何一つ苦労を知らず、涙と共にパンを食べたことのない人に見えてきたのである。そのドストエフスキーがスターリン治下のソ連では反動思想家として扱われたことに、ヤーンケは触れることをしない。

一〇月末に、学生中隊は引き揚げることにきまり、ヴィリー＝グラーフは一〇月二一日の日記に記す。「今日僕たちは、一〇月三〇日にヴャジマに行って、それから帰国させられることを知った。ぼくはこの国が気に入っていて、この国の運命に強い関心を抱いている。ここの人々にも。お互いに気持ちが通じ合うようであればと思う……」。

そして、いよいよ出発という一〇月三一日の日記には、

「ぼくはロシアと別れるのがつらい」。

ハンス＝ショルはそれより前の一〇月三日、両親あての手紙に書いていた。

「ぼくは毎日新たにロシアの美しさに感嘆しています。またドイツに戻ったら、たいへんなあこがれにとらえられることがよく起こるのではないかと思います」。

〈白バラ〉グループの重要メンバーのロシア出征が、彼らの反ナチ抵抗運動に対して持つ意味について、有力な二人の研究者の見解が分かれる。要約すれば、『処刑される学生たち』のC・ペトリは、ロマンティックなロシア体験の前に、一切の政治的な考えは消え失せたと考える。つまり、抵抗運動のつながりからいえば、この期間はいわば空白になってしまうわけだが、『白バラ対鉤十字』のカール＝ハインツ＝ヤーンケはそれに強く反論する。学生たちの受けてきた教育による反共思想は、ロシアの前線における経験でかなり変化し、そこで固められた抵抗の決意が、帰還後の活動につながって行ったというのである。論者の抱くイデオロギーの違いをかなりはっきりと見せるこの論争で、そのどちらか一方を正しいと判定することは困難である。双方とも、自分の立てたテーゼを充分に裏づけるだけの資料を有しないからである。

父の逮捕

ハンスたちがロシアにいる間に、ウルムのショル家でも事件が起こっていた。八月一八日の日記に、ハンスは記している。「昨日母が手紙をよこして、父が逮捕されたという。ヒトラーはヨーロッパにとって神の鞭だという例の有名な言葉のせいだそうだ。これから四箇月、父は牢獄で過ごさなければならない。母は手紙に、恩赦請願の写しを添えてきた。ぼくとヴェルナーにも、恩赦請願書を書いてくれという。前線で書いたものの方が、自分のよりも効果があると期待しているのだ。ぼくは決してそんなことはすまい。恩赦など願うことはすまい。ぼくは、誤った誇りも知ってはいるが、真の誇りだって知っているのだ。今日中に、ヴェルナーとこの話をしよう」。そして母にあてた八月二四日付の手紙の中でも、「お手紙を読んで、ぼくの心は怒りと興奮でいっぱいになりました。そして、だんだんにやっと、落ち着きを取り戻しました。今のところ、恩赦請願を書くことはぼくにはやはりできません。そういうことをしたら、とても自分をおさえ切ることができないでしょう。ヴェルナーには、兄弟として、起こったことを知らせました。彼はそれを、何に対してもそうですが、外見上は落ち着いて聞きました」と書いている。しかし、『ハンス＝ショル、ゾフィー＝ショル　手紙と手記』（邦訳『白バラの声』）の編者インゲ＝イェンスの注によれば、ハンス＝ショルはのちに――おそらく弟ヴェルナーの働きかけで――拒否の態度を捨てて、母の頼んできた恩赦請願書を書いたという。

〈神の鞭〉とは五世紀にヨーロッパを荒らしたフン族の王アッティラの異名で、ハンスたちの父ローベルトは、自分の事務所の女性職員の前で政治状況について意見を述べる際に、不用意にこの言葉を吐き、「彼がじきに戦争を終わらせなければ、二年後にはロシア軍がベルリンに入るだろう」と、つけ加えたのである。それを密告されてゲシュタポに逮捕され、八月三日に特別法廷によって四箇月の禁錮刑を宣告され、逮捕のわずかのちに就業禁止の処分を受けたのだ。

ゾフィーの思い

この父の件でゾフィーはウルムの家に帰らなければならなかったが、大学の休暇中にもかかわらず、八月からまた、強制的に働かされることになった。すでに労働奉仕、戦時協力奉仕を終えていたのに、なおそれに加えて二箇月間、前線への補給を確保するために軍需工場に動員されたのである。もちろん肉体労働もつらかったが、それよりはむしろ、無意味な戦争を引き延ばすことにわずかなりとも助力するのかと考えると、たまらない思いだった。父は舌禍で刑務所に入っており、兄と弟は東部戦線にいて、母は心臓を病んでいた。少しでも母の負担を減らすために、動員を九月まで延期してもらえないかと願い出たが、認めてはもらえなかった。それで、八月から働きに行かなければならなかったが、それは、二一歳の女性にとっては深刻な経験であった。仕事は単調で活気がなく、流れ作業で同じ仕事の繰り返しは、精神的にやりきれなかった。まるで人間が機械に支配されているような気がした。ゾフィーとしてなすべきことは、できるだけ仕事のテンポを遅くして、できるだけ少なく生産することだった。それが監督の目につくこともあったが、彼女はそのたびに、不器用なのでといつわった。いっしょに働いている捕虜や被強制労働者のすがたも心を打った。このころ、軍需工場での一週の労働時間は平均六〇時間だったが、彼らはしばしば七〇時間も働かされ、家畜のように扱われた。コンタクトは禁じられていたが、ゾフィーは機会をつかんで、ロシア人の女性と近づくことを試みた。

一一月七日、兄のハンスが再びミュンヘンに帰ってくる日、彼女はフリッツ＝ハルトナーゲルにあてて、次のような手紙を書いている。

「今晩、ハンスがロシアから帰ります。兄が私たちのところに戻ってくることは、たしかに喜ぶべきことでしょうし、実際うれしくもあって、もう、これから一緒にミュンヘンのささやかな住居で過ごす日々、きっと実りのある日々のことを思い描いています。

でも私は、心に何の曇りもなしに喜ぶことはできないのです。今日、私たちはずっと引きつづいて不安のうちに生き、そのおかげで明日のために楽しい計画を立てることもできなければ、来るべき日々に暗い影を投げかけられもして、私はその不安な思いに日夜苦しめられ、ほんとうのところ一分たりとも解放されないのです。いったいいつになったら、小指一本曲げるだけの価値もないことのために、力とあらゆる注意とをいつも張りつめていなくてもいい時がくるのでしょう。どんな言葉でも、口から出す前に、もう一つ別な意味が付着していないかどうか、あらゆる面から検討が加えられます。他の人への信頼は、不信と用心の前に引っ込まなくてはなりません。ああ、こんなことでは疲れてしまうし、時には元気をなくします。でも私は、どんなことがあっても元気をなくしたりしません。こんなつまらぬことに負けることはありません。私にはまったく別の、誰にも侵すことのできない喜びがあるのですから。そのことを考えると、力が湧いてきて、同じようにふさぎ込んでいる人たちみんなに、元気づけの言葉を叫んであげたくなります……」。

II　抵抗運動の活動と挫折

抵抗運動の再開

〈白バラ〉グループの再会

一九四二年一一月の初めに、〈白バラ〉グループは再びミュンヘンに集まった。ハンスとゾフィーのショル兄妹はフランツ＝ヨーゼフ通り一三番地の同じ家にそれぞれ部屋を借り、そこがグループの集まる場所になった。クリストフ＝プロープストは、家族といっしょにいたいという理由でミュンヘンに戻ることを願い出たが許されず、インスブルックに留まらなければならなかった。そのため、会合には不定期にしか参加できず、感激に走り易いハンス＝ショルとアレクサンダー＝シュモレルの議論を補正する彼の慎重なやりかたをしばしば欠くことになったのは、グループにとって損失だったといわなければならない。

戦線から帰ってきたメンバーの誰しも、抵抗運動を再開しようという意志を持っていた。ハンスとヴィリー＝グラーフのロシアでの日記と手紙には、もちろん用心してのことであろう、それについてはわずかの箇所できわめて暗示的に触れられているだけだが、戦場にいた間に、その意志は強まりこそすれ、弱くなることはなかったであろう。ただ、どのようにして再開し続行すべきかについての具体的な計画があったのではなく、抵抗運動をつづけよう、つづけなければならないということが分かっていただけである。

東部戦線から帰ってみれば、国民の大部分はナチの指導者たちの意のままに動かされていて、このまま事態が推移すれば、ともども奈落の底に落ち込むことは目に見えていた。東部戦線南部における国防軍の攻勢はすでに停頓して、赤軍はハリコフ付近で反攻に転じていた。兵は疲れ、武器弾薬の補給は緩慢で、冬に向かうというのに燃料が不足した。国内でも、諸都市が連合軍の猛烈な空爆にさらされ、西部における〈第二戦線〉の結成ももはや時間の問題に過ぎなくなった。今こそ人々の目をあけてやって、現実を直視するよう手助けをしなければならない。そういう責任があることを学生たちは自覚した。彼らは何度も会合を開いて、どうすれば最も効果的に運動を進めていくことができるかを討議した。そして、ビラ行動の再開はしばらくあとに延ばして、今はとりあえず組織を拡大することに目標を設定した。そのために、生活はしばらくの間、前と変わるところがなかった。フーバー教授の講義に出たり、コンサートに行ったりで、トラウテ＝ラフレンツは、「一九四二年から四三年にかけての冬には、われわれの共同生活のしかたは全然変わらなかった」と述べている。しかし、そのラフレンツは一一月に数週間ハンブルクに行った。三九年夏学期まで属していた友人サークルに連絡をつけようと思ったのである。ハインツ＝クハルスキーとグレータ＝ローテを中心とするそのサークルは、その間に拡大されていた。グループは文学的、政治的な読書と討論の夕べに集まって、その点では以前にミュンヘンで友人たちがアレクサンダー＝シュモレルの家で開いていた集まりに似ていた。議論はナチズムとの知的対決に限定され、積極的な抵抗運動は話題にのぼらなかった。その中ではクハルスキーとローテが一歩進んだ立場にあり、二人で〈ヒトラーと戦争に反対〉と題して外国ラジオ放送の周波数を記したビラを作製して、ハンブルクの市中で配布したこともある。トラウテは彼らに、ミュンヘンでの〈白バラ〉の活動の話をし、持ってきた何枚かのビラを見せた。クハルスキーとローテは、ミュンヘンとの連帯に賛成するにはしたが、グループの人たちにはなお説明が必要で、それには多少の時間がかかると言った。ほかのビラもほしいと言われて、トラウテはミュンヘンに帰ってからそれを送った。

クハルスキーの周囲には、ほかにも様々のサークルがあったが、そのどれも、一九四二年秋には革命的な行動に出る準備を整えておらず、首尾一貫した非合法活動を始められる状態にはなかった。従って、〈白バラのビラ〉を北ドイツに広めることを組織化すると、トラウテ＝ラフレンツに約束したものの、ハンブルクはまだ動き出すに至らなかった。

ベルリンの抵抗運動グループの動き

抵抗運動に関するグループの動きの中で、まず、日付のはっきりしているものを追ってみることにする。

一一月一一日にヴィリー＝グラーフはひとまず故郷のザールブリュッケンに戻って、同月二六日に、妹のアンネリーゼを伴ってミュンヘンに帰ってきた。その前日の二五日、ハンス＝ショルは初めてフーバー教授をその自宅に訪れた。しかし、かならずしも信頼できないフーバーの友人がいたので、抵抗運動に関する話はしなかった。一一月二九日、ショル兄妹がグラーフのところに行き、夜にはグラーフ兄妹がショル兄妹のところに行った。クリストフ＝プローブストも話に加わった。グラーフの日記の記述によれば、本や人間のことを話した、という。はっきりした日付はもはやたしかめるすべがないが、一一月にハンス＝ショルはウルムに行って、ハンス＝ヒルツェルを訪ねた。ヒルツェルはこの年一八歳のギムナジウム生徒で、ショルが休暇でウルムに帰ってきたときに、しばしば彼と話をした。民族裁判所の判決理由（ハンス＝ヒルツェルは禁錮五年の刑に処せられた）によれば、「ショルは単なる知性によって高められたきわめて暗示的な影響力を、相手がヒルツェルのごとき未熟の錯乱者だけにいよいよ強烈に発揮した。ショルはヒルツェルをその部屋で説得したのである。そして、もっと政治的な修練を積むようにすすめた。それも、ドイツが崩壊したときに、ショルのいう連邦主義的個人主義の立場に立つ多数党民主制の意味において、弁論家として活動することができるようにするため、というのである！」。

この年の夏、兄たちがロシアにいるあいだに、ゾフィー＝ショルはこのヒルツェルに八〇マルク渡して、謄写器と紙を買ってくれと頼んであった。ハンス＝ショルが一一月にウルムにきたとき、二人の間で、遅くとも一二月末にはヒルツェルがシュトゥットガルトでビラを配る役を引き受けるという取り決めがなされたのである。

C・ペトリによると、一一月中に、シュモレルとショルはアルヴィド＝ハルナックの弟ファルク＝ハルナックとケムニッツで会ったことになっている。経済省の上級参事官だったアルヴィドは、シュルツェ＝ボイゼン空軍中尉と共に〈ローテ－カペレ〉という抵抗組織を指導して、この年の八月と九月に一〇〇名以上の同志といっしょにゲシュタポに逮捕されていた。弟のファルクはショルより五歳年長で、大学で演劇学、ドイツ文学、新聞学を修め、一九四一年に召集されるまでに、特にワイマルの国民劇場で劇評家として活躍していた人物である。シュモレルと親しい、ミュンヘン在住の女流画家リーロ＝ラムドールを二人で訪問したとき、ハンスとアレックスは、彼女がファルク＝ハルナックをよく知っている（民族裁判所の〈判決理由〉によればハルナックの婚約者である）ことを聞いた。外国放送で〈ローテ－カペレ〉の逮捕を知っていた彼らは、弟のファルクからその件についてくわしい話が聞けるのではないかと期待して、リーロに仲介を頼んだ。ハルナックは会うことを承知し、自分が兵士として駐屯していたケムニッツにくるように、と指示した。中隊から休暇証明書を出してもらえなかったので、二人は躊躇した。それがないとミュンヘンから五〇キロ以上遠くへ行ってはならないことになっていたのである。汽車の中で定期的に、野戦憲兵、刑事警察、ゲシュタポのコントロールが行われ、その際に休暇証明書、旅行証明書がないと、脱走兵とみなされた。ハンスとアレックスは、そういう危険を冒してもケムニッツへ行こうと決心した。ファルク＝ハルナックに会えば、彼を通じてベルリンの抵抗組織と連絡がつくかもしれない、と考えられたからである。

ハルナックは回想する。

「午後二時ごろ（土曜日だった）、最初の基本的な相談が行われた。ふつうの非合法的な場合の慣習に反して、われわれはすぐに腹蔵なく語り合った。お互いに相手がどういう人間か、よく分かっていたからである。彼らは私に、これまでに出したビラを議論の土台として見せてくれた。……政治的な信条を語る彼らの発言を聞いていると、ショルとシュモレルがこれまでの非合法活動を感情的に上品な理想主義的態度でやってきたが、今は実際政治的な助言を求めているのだ、ということが分かった」。

ハルナックはビラを、あまりに哲学的に飾られ、あまりに文学的だといって批判し、もっと現実的な、政治的に明確なものを書くようすすめたが、原則的には〈白バラ〉の活動を評価した。ハンスはこれから何をなすべきかという問題に触れて、「ドイツのすべての大学に非合法的な学生細胞を作り、いっせいにビラ行動を起こそう」という考えを明らかにした。それからさらに、抵抗運動の基本的な問題が取り上げられた。ハルナックは、「左翼（コミュニスト）からリベラルなグループを経て保守的な軍の反対派に至る幅広いアンチ-ファシズムの戦線を結成する」必要があるという見解を述べた。ハンスとアレックスは賛成し、〈白バラ〉も自分たちの抵抗組織をもっと幅広い基盤に乗せることができるよう、さまざまの可能性を探っていかなければならないと言い、ベルリンでの抵抗運動の詳細を知りたがった。ほんとうに国防軍の内部に反体制派がいるのか？　いるならば、その勢力はどれくらいか？　その他のサークルの力はどれほどなのか？　その人たちはどういう計画をたてているのか？　そういう質問を、学生たちはハルナックにぶつけた。

ハルナックは控え目で、誰をも危険にさらすことのないよう、暗示とわずかな情報を与えるにとどめた。しかし、国防軍の内部と外部にあるさまざまのグループの間に連絡があること、軍の反対派の中には、ヒトラーに対して反乱を起こす準備をしているグループがあることを話した。この情報は二人の期待を上回った。彼らはグループの中で何度も、ナチを倒す手段を有するのは結局国防軍だけだと話し合ってはいたが、それはなんら具体性のない原則的な考えにほかならなかった。ほんとうに反乱が計画されているのだったら、それは自分たちの活動に新しい方向を与えることになる、と考えられた。ハンスとアレックスはハルナックに、呼応し協力して仕事を進めることができるように、ベルリンの抵抗運動の本部と連絡をとってほしいと頼み、ハルナックはそうすることを約束した。そして、そのためにどのように努力したかを次のように報告している。

「一九四二年の暮に私は、親衛隊の全国保安局に捕えられている兄や兄嫁や友人たちを支援するために、何度もベルリンに行った。……全国保安局を訪ねたときに兄に会うことができたが、そのとき兄は今日〈七月二〇日〉と呼ばれている抵抗運動グループ〔一九四四年七月二〇日に、シュタウフェンベルク大佐が総統大本営に時限爆弾をしかけたが、ヒトラーは軽傷で助かった。このシュタウフェンベルクを中心とする抵抗組織〕とただちに連絡をとるよう、ひそかに私に頼んだ。私はその日のうちにディートリヒ＝ボンヘッファー牧師〔抵抗運動のために、一九四三年三月に捕らえられ、四五年四月九日に刑死した〕とクラウス＝ボンヘッファー弁護士を訪ね、ハルナック、シュルツェ＝ボイゼンを中心とする抵抗組織の救出行動及びミュンヘンの大学生グループについて話を交わした。とりわけ重要だったのは、ドイツのあらゆる抵抗組織の合同に関する話だった。ボンヘッファー兄弟は……ハルナック、シュルツェ＝ボイゼンの組織をなんとしても救わなければならない、自分たちの組織はそれに全力をあげると述べた。同時に、私に、ミュンヘン大学生たちとコンタクトをとってもらえればたいへんありがたい、とも言った」。

前記のようにC・ペトリはこのときのハルナック訪問を一一月中としており、マリオ＝クレープスは一一月末と、またヘルマン＝フィンケは一一月のある週末、ハーラルト＝シュテッファーンは一一月の最後の週末と書いている。週末というのは、ハルナックの回想に「土曜日だった」とあるのによったのであろう。しかしヤーンケはこの日付に真っ向から反対し、一一月というのはハルナックの報告にある思い違いに基づく誤りだと断定して、その日付を翌年にずらすのだが、なぜかハルナックの思い違いがどういうものかを引用していないから、この反論は説得力に欠けると考えざるを得ない。

ケムニッツへの旅行から帰ってくると、ショルとシュモレルはシュトゥットガルトへ行った、とペトリは書く。これは、ショル家の知人でユダヤ人女性を妻とし、反ナチの考えを持つオイゲン゠グリミンガーに、〈白バラ〉の活動を打ち明け、抵抗グループの網を広げる計画を報告して、そのための資金援助を頼むのが目的だった。グリミンガーは考える時間がほしいと言い、それで数週間後の一二月に、彼ら（と言えば、当然ショルとシュモレルのことになる）はまたシュトゥットガルトに行った。ヤーンケも日付を示さずに、ショルとシュモレルがシュトゥットガルトにグリミンガーを訪ね、五〇〇ライヒスマルクを用立ててもらったと書いているが、これは、ペトリの記述と照らし合わせてみると、二度目の訪問のときになるようである。

活動の資金援助

最初のときには援助を頼んだだけで、お金を出してもらってはいないからである。ところが、この二度目のときにシュトゥットガルトに行ったのは、ハンスとアレックスではなく、ハンスとゾフィーのショル兄妹であったらしい。フィンケは「一九四二年一二月初めに、ハンスとゾフィーはシュトゥットガルトに行って、税理士のオイゲン゠グリミンガーを訪ねた。……ハンス゠ショルがグリミンガーと交渉している間、ゾフィー゠ショルはフレーベル保母養成所時代の友だちで、シュトゥットガルトで音楽を勉強していたズザンネ゠ヒルツェルを訪ねた」と書いて、ズザンネがインゲ゠ショルにあてた手紙を引用している。

「ハンスがグリミンガーのところで資金援助を頼んでいる間に、ゾフィーは私を訪ねてきてくれました。……ゾフィーはビラ活動のことをほのめかしました。あとでカルヴァー通りでハンスに会うために、私たちがレーマー通りを下って行ったとき、彼女は言いました。〈もしヒトラーが向こうからやってきて、私がピストルを持っていたら、撃ち殺してやるわ。男たちがやらないのなら、女がやらなくちゃいけないのよ〉。私は自分が疑いに苦しめられていましたから、きっぱりした意見を持つ彼女をうらやましく思いました。〈でも、そうしたらすぐにヒムラーが代わるだろうし、ヒムラーのあとにもまだけっこうたくさんいるんじゃないかしら〉と言うと、彼女は〈自分で罪を背負わないために、何かをしなくてはいけないわ〉と答えました。これが私たちの交わした最後の重要な言葉でした。私たちは喫茶店で会いました。……ハンスは浮かれていました。グリミンガーとの話がうまくいって、彼が同志だということが分かったからです。ハンスは、何かのきっかけがあれば、国民は立ち上がるだろうと確信していました」。

この手紙を疑う理由はない。グリミンガーその他に対する民族裁判所の判決文は、ペトリ、ヤーンケと違って、次のように述べているのである。

「ショルとシュモレルはシュトゥットガルトに彼（グリミンガーのこと）を訪問して、自分たちの反民族的なアジテーションやビラの計画、あるいは同志を求めるために各地の大学を歴訪していることなどを語り、そのための資金をもらえないか、と言った。彼ははっきりした返事はしなかったが、二、三週間あとでもう一度くるように、とショルに言った。ショルは言われた通りやってきた。

するとグリミンガーは、彼に五〇〇ライヒスマルクを与えたのである！」。

二度目に行って五〇〇ライヒスマルクをもらったのは、ショルとだけ書かれていて、シュモレルの名はない。ズザンネ＝ヒルツェルの手紙を見ても、ゾフィーはグリミンガーのところへハンスと同行していないから、この判決文の叙述は正しいと見るべきである。

さて、一一月末に、プロープストがインスブルックへ行かなければならないことが分かり、一二月二日に一同はハンスの住居に集まった。グラーフは日記に次のように記す。「ハンスの家でおそくまで長い時間、集会をする。クリステルが出発することになったからだ。組織作りについての話し合い。ぼくの知らなかった考えもいろいろとある」。

抵抗運動サークル拡大への努力

この夜、他の都市にいる信頼できる友人たちに抵抗運動の秘密を打ち明け、サークルの網を広げることに協力を頼もうという話が出たものと思われる。この計画を推進するには、とりわけグラーフが適役であった。彼はカトリックの青年運動に加わっていたときから、信頼できる友人をたくさん持っていたのである。〈灰色会〉の設立者フリッツ＝ライストを中心とするサークルはミュンヘンで活動していた。四二年春に東部戦線からミュンヘンに戻ってきたグラーフは、すぐにライストを訪問している。一二月二日の話し合いのあと、グラーフはまずこのサークルを動かして協力させようと考えた。一二月四日の日記には次のような書き込みが見られる。

「F（フリッツ＝ライスト）を訪問。二、三の重要な問題で相談があったのだ。大事なのは、彼がミュンヘンに残っているということだ」。

翌五日、ライストのサークルの友人アーダルベルト＝グルンデルと話し合ったが、グルンデルは懐疑的だった。グラーフは、「あとでどうなるかがはっきりしないうちに責任を負えるかどうかが、彼の場合問題なのだ」と記している。

そういう考えかたは、ひとりグルンデルにはとどまらなかった。〈灰色会〉の友人たちは、直接に抵抗活動に入ったときにさらされる危険は、その活動によって得られるかもしれない成果と決して釣り合わないと確信していた。それに彼らは、サボタージュや暗殺、軍事的な反乱というような暴力的手段による抵抗を、神学的な理由から拒否した。アンチ＝クリストと言うべきヒトラーと、同じ土俵に上がってはならないというのである。戦争の経過が示すように、ナチズムは遅かれ早かれ、かならず崩壊する。われわれはそれまで耐えなければならない。そういう友人たちの態度に、グラーフは失望した。共通の過去を有する彼らに彼は特別の親しみを持ち、〈灰色会〉は彼の宗教的な存在基盤を支える中心的な支柱だったのだ。

同じ一二月五日、クリスマス休暇があることを知って、彼はザールブリュッケンにいる〈新ドイツ〉の友人たちを抵抗運動の組織に引き入れようと考えた。

「これは都合がいい。何もかもぴったりだ」。

一二月九日に、ハンス＝ショルは初めてひとりでフーバー教授を訪ねた。フーバーが弁論の中で「彼はクリスマスの少し前に私をちょっと訪ねてきた……そのとき初めて私は、彼の口から、彼が〈白バラ〉を発行したことを聞いた」と言っているのは、このときのことであろう。ハンスは〈白バラ〉の抵抗運動についてフーバーに報告したものと思われる。フーバー夫人の口述によれば、ハンスは教授に国防軍のベック大将（七月二〇日のヒトラー暗殺未遂事件にかかわり、企図の失敗により、自殺）と連絡をつけたと語って、国防軍に全面的な信頼を寄せていたフーバーを喜ばせたという。

一二月一〇日、グラーフは日記にこう記している。

「晩にハンスのところに行く。何をなすべきか話したり計画したりする。バラライカとギターを弾く。夜は美しい」。

そして一二月一七日、今度はショルとグラーフの二人がフーバーを訪問した。グラーフの日記。

「フーバーとたいへん興味のある話をする。それからあと、長くしゃべり込んだ」。

一方、一二月の初めにハンスはミュンヘンの書店主ヨーゼフ＝ゼーンゲンを訪ねて、サークルの拡大について話し合った。ゼーンゲンはすでに七月、抵抗運動に加わる用意のあることを言明していたのである。マクシミリアン通りにある彼の店は、反体制派の寄り合いの場になっていた。ハインリヒ＝マン、シュテファン＝ツヴァイク、カフカといった禁止作家の本は、そこで手に入れることができたし、話をしたり情報を交換したりする同志を見つけることもできた。ハンスはこのゼーンゲンに、空襲のときは謄写器を書店の地下室に隠させてほしいと頼んだ。ますます空襲が激しくなっていたので、アイケマイヤーのアトリエも爆撃で破壊される危険が増し、そんなとき、器械が住居の廃墟にあるよりは書店の地下室にある方が目立たないだろうという考えからだった。ゼーンゲンは承知した。そしてハンスから、サークルの拡大についての話を聞くと、自分の知っているイタリアの美術史家ジョヴァンニ＝ステパノフと〈白バラ〉グループとの連絡をつけることをやってみよう、と言った。ステパノフはイタリアの抵抗運動組織とコンタクトがあって、ドイツで活発に反ナチ運動をしているグループがあったら教えてほしい、とかねてからゼーンゲンに申し出ていたという。ステパノフは一二月末にミュンヘンにやってきたが、そのときハンスはウルムに帰っていて、会見は実現しなかった。

一二月にはまた、ユルゲン＝ヴィッテンシュタインが、ハンス＝ショルと共通の友人であるヘルムート＝ハルテルトをベルリンに訪問している。ハルテルトはミュンヘンのグループを支援する用意があると言明したが、抵抗運動の実際については見解を異にした。反ナチ、反ヒトラーに結集せよというアピールによって、前線の背後を襲おうとするような印象を与えてはならない。抵抗運動は、ドイツの安全をおびやかし、戦う部隊の負担になるようなものであってはならない。国防軍の内部にある保守的な反対派の見解はだいたいこういうものであって、〈白バラ〉グループの戦争に対する考えかたとは根本的に食い違っていた。第一次大戦にドイツが敗れたのは、国内の革命分子による裏切りのためだとする、いわゆる〈匕首《あいくち》伝説〉を生んだ土壌が根強く残っていたことに思いを致さざるを得ない。

そして一二月二〇日、クリスマス休暇を利用してザールブリュッケンに行く前の日、ヴィリー＝グラーフは日記に記入している。

「夜おそくなってから、ハンスとアレックスのところに行く。お茶とコニャックをのみ、話したり計画をたてたりした」。

翌日、他の友人たちも、別々のところへ向けて出発した。ショル兄妹はウルムへ、トラウテ＝ラフレンツはウィーンへ。ウルムはショルたちの故郷だが、トラウテのウィーン行きは、叔父から謄写器を手に入れるためだった。彼らグループの活動は、組織の拡大のためばかりに行われたのではなく、同時にビラの配布にも向けられた。〈白バラのビラ〉発行は四二年夏で一応終わっていたが、それを複写して配布する仕事はずっとつづけられていたのである。トラウテのウィーン行きはそのためだし、ゾフィーもビラをよその町へ持って行って配る仕事で忙しかった。フィンケはその活動ぶりを次のように描写している。

「大部分のビラは自分たちが運び屋になって、ほかの都市へ持って行った。ゾフィー＝ショルは古い学校かばんかリュックサックにいっぱい詰めて、汽車でアウクスブルク、シュトゥットガルト、ウルムのあいだを振り子のように往来した。もしゲシュタポの係官がかばんの中身を調べたら、彼女は即座に逮捕されたであろう。そういう危険を避けるために、運び手はリュックサックあるいはかばんを、旅行の初めに、ある車室に置いて、自分は隣の車室にすわった。そして到着のちょっと前に荷物をまた取ってきた」。

こうして〈白バラ〉のビラは、フランクフルト、ベルリン、ハンブルク、フライブルク、ザールブリュッケン、それにザルツブルクやウィーンにまで出現したのである。

ザールブリュッケンに帰ったヴィリー＝グラーフは、友人知己の多いこの町で、同じ志を持つ人、あるいは同じ志を持つよう説得できそうな人を見つけようと、クリスマスの間じゅう努力をつづけた。かつての〈新ドイツ〉会員たちの集まりにも顔を出した。出席者の中には国防軍の将校も何人かいて、その時点で政治的、軍事的な情勢を話し合っているうちに、だんだん彼らの考えが分かってきた。彼らも反ナチ、反ヒトラーの考えを抱いてはいたものの、まずこの戦争に勝たなければならない、ナチに反対して何かを企て、何らかの行動を起こすことができるのはそのあとのことだという見解を支持したのである。グラーフはここでもまた失望を味わわなければならなかったが、幸い一人だけ、自分の側に立ってくれる人を見出した。それは学校時代の旧友で、いっしょに〈新ドイツ〉にも入っていたハインツ＝ボリンガーであった。そのとき、フライブルク大学で哲学科の助手をしていたボリンガーを、集まりがあってから二日後に、グラーフは訪ねて行った。「われわれはすぐに理解し合った」とボリンガーは報告している。二人は、「この戦争はすでに負けだということ、この戦争に勝ってはならないこと、体制側の権力には、たといそれが悪であろうと従わなければならないという教会の見解に反しても、アクティヴ、パッシヴな抵抗を行わなければならないこと」で、意見が一致した。話はさらに、武器を手に入れてそれを実際に使用しよう、ヒトラーを殺すことが主要な目標だ、ということにまで進んだ。

グラーフはボリンガーにミュンヘンでの計画を話し、ザールブリュッケン、フライブルク、ボン、ケルン、ミュンスターで抵抗グループを作るつもりだ、と言った。するとボリンガーは、フライブルクでは反ナチの教授たちと接触があるし、友人のヘルムート＝バウアーといっしょになって、同志の人たちの小さなサークルを作ることを始めた。謄写器ももう入手ずみだから、フライブルクの方は自分に任せておいてくれればいい、と請け合い、ザールブリュッケンでのことは弟にやってもらうと言って、ヴィリー＝ボリンガーを紹介した。ヴィリー＝ボリンガーはそのとき予備野戦病院の衛生兵だったが、ザールブリュッケンで、〈白バラのビラ〉を封筒に入れて配布する役目を引き受けた。そのときに彼は、自分のいる病院にも反ナチの士官がいて、支援してもらう期待が持てると言い添えた。のちにハインツ＝ボリンガーの報告するところによれば、弟のヴィリーは、グラーフのために休暇証明書と軍人乗車証を手に入れてやり、将校用ピストルと自動拳銃をくすねたという。グラーフは年明けにはミュンヘンの学生中隊に戻らなければならなかったので、ミュンスター、ボン、ケルンにいる〈新ドイツ〉以来の友人たちのところへ行くつもりだったのを、一月に延期した。

ウルムに帰ったハンス＝ショルは、姉のインゲにミュンヘンでの抵抗運動のことをほのめかそうとした。マンハイムで共産主義者、社会民主主義者の抵抗運動家が処刑された話をしたあとで、彼は「もういいかげん、キリスト者の側からも何かしなくてはいけないぎりぎりの時だよ。キリスト者が抵抗の合図をしなければいけない。この戦争が終わったときに、〈きみたちは何をしたの？〉という問いの前に、手を空しくして立っていていいのだろうか？」と言った。それを聞いた姉がパニックにおちいったのに気づいて、それ以上話してはいけないことを、ハンスは悟った。インゲは、「なぜ私たちがしなくてはいけないの？　私たちはもう充分に目をつけられているのよ。まだゲシュタポにあまり知られていないほかの人たちに任せることはできないの？」と問い返した。ハンスは話題を変えた。両親やきょうだいをもっと危険な目にあわせ、果ては生命の危険にさえさらすことなどしてはならなかったし、するつもりもなかったのだ。

抵抗の実際活動

スターリングラード

ドイツ国防軍にとって、また第三帝国にとって、多難な時代の幕明けであった。前年、一九四二年の一一月末、パウルス元帥のひきいる第六軍二三万五〇〇〇がスターリングラードで包囲され、一二月に実施された救援作戦も、ソ連軍の増強に遭って何の実りもなく終わった。年があけて早々の一月八日、ソ連軍はスターリングラードのドイツ軍に降伏を勧告し、パウルス元帥はその受け入れをヒトラーに要請したが、拒否された。そして二四日、再度の勧告を受けてその受け入れが要請されたが、またもやヒトラーによって却下された。その結果、ついに二月三日、国防軍総司令部は「スターリングラードをめぐる戦闘は終結した」と発表するに至った。ナチ党機関紙〈フェルキッシャー–ベオバハター〉は、その発表を黒枠で囲んだ。敗戦の痛手はあまりに大きく、もはやそれまでのようにごまかしたり隠したりすることはできなかった。その代わり、宣伝はこの敗戦を、『ニーベルンゲンの歌』のような英雄叙事詩に仕立てあげた。悲劇から、ファナティックな防衛意志の新たなエネルギーを取り出そうとでも考えたのであろうか。

公式発表は次のようなものである。

「最後の息を引き取るまで軍旗への誓いに忠誠を尽くして、パウルス元帥の指揮下にある第六軍は、敵の優勢と状況の不利とに屈した。……スターリングラードの最も高い廃墟に、遠方から見えるように掲げられた鉤十字の旗のもとで、最後の戦闘が行われた。将軍、将校、兵らは、肩を寄せ合って最後の弾丸を撃ち尽くすまで戦った。彼らは死んだ、ドイツが生きていくために。……」

再度のビラ作製と配布

その間《かん》、抵抗運動の学生たちの間にはどういう動きがあったろうか。

一月七日にヴィリー＝グラーフはミュンヘンに帰ってきて、すでに戻っていたハンス＝ショルを、ゾフィーといっしょに部屋借りしていたシュワービングのフランツ－ヨーゼフ通り一三番地に訪ねた。グループはすぐに活動を始めた。彼らの生活状況をグラーフの日記に追ってみよう。

「一九四三年一月七日。少し遅れて到着。すぐに大忙し。まず兵営へ。お昼にハンスを訪問。ティータイム、他に何事もない。G〔グストゥル＝ザーム〕がぼくのところに寄り、晩に会う約束。それからなおしばらくハンスの家に。あとで長いあいだジークフリート通りの家〔フリッツ＝ライストの住居〕でGといっしょに。初めの話ではわれわれのシチュエーションが中心。おそくなって別れる」。

「一九四三年一月八日。午後は速く過ぎる。ハンスのところでアレックスといっしょにお茶。晩にエドヴィーン＝フィッシャーのシンフォニー・コンサート。そのあとまだ長いことアトリエ〔アイケマイヤーの〕に客となってすわり込み、大いにしゃべる。ほとんどしゃべりすぎるくらい」。

「一九四三年一月九日。七時にもう点呼。引きつづき、ハンスのところでコーヒーを飲む。初めはまだ全然疲れていなくて、数時間下宿にすわっている。午後、ハンスといっしょにグレーフェルフィング〔フーバー教授の家〕を訪問。……最後にすばらしいコーヒーが出て、ねむけが覚める。晩にジークフリート通りに。初めは四方山話で、それから日曜日の典礼の準備……」。

この日のものと思われるフーバー宅訪問について、旧東ベルリン、マルクス・レーニン研究所の党中央文書館に残されている手記の中で、グラーフは次のように報告している。

「ショルはフーバー教授に一般的な経済的、政治的、軍事的な状況はきわめて悪く、危険に思われる、と述べた。その際彼は、国民ないし大衆をしかるべく啓蒙する立場を取った。というのは、住民のどちらの部分にも、一面的な宣伝のせいで、所与の状況に決して即しているとはいえない、絶対に安全だという感情が生きているから、というのだ」。

「一九四三年一月一一日。晩にまたアトリエの客となる。主人の出発前最後の晩だ。大いに話し、よい考えがいくつも生まれる。いま、画家ガイヤーが数日の予定でここミュンヘンにきている」。

「一九四三年一月一三日。まれに見るほどのあわただしさで、日々が過ぎて行く。ハンスを訪問。

晩までそこにいて、実際に仕事を始める。石は転がり出した」。

「一九四三年一月一四日。何時間かのあいだ妙に疲れていた。こんなときには何かの思いつきをして、それをじっくり考えてみることさえうまく行かない。計画を練ることで多くの時間が過ぎて行く。これが正しい道なのだろうか？　時にはたしかにそうだと思うし――時には疑わしくなる。だがそれでも、どんなにつらかろうと、ぼくはそれを引き受けよう」。

「一九四三年一月一五日。今日またフェンシングのレッスン。残念ながらそのための適当な時間がなかなか作れない」。

「一九四三年一月一六日。午前は大学での中隊の整列で過ぎる。四七〇年記念式典なのだ。おそくなって食事から戻り、アンネリーゼ〔グラーフの妹〕のところに。トラウテ〔ラフレンツ〕が訪ねてくる。われわれの周囲の状況はひどくこんがらがっていて、道が見えないという話をする。晩に、他の人たちと典礼の準備」。

「一九四三年一月一八日。いくつかの講義。昼には家に帰る。ちょっとハンスを訪ね、そのあと読んだり書いたり。食後、バッハ協会での合唱に行く」。

そしてグラーフは一月二〇日二一時三〇分、できあがった第五番目のビラ〈すべてのドイツ人に呼びかける〉数枚と謄写器を旅行かばんに入れて、ケルンへ出発した。二〇日にはもうできあがっていたこのビラが作られたのはいつなのか。グラーフの日記をさかのぼって行くと、一三日の記入に行きあたる。この日「実際に仕事を始め」たのであり、「石は転がり出した」のである。この日に謄写が始められた可能性が高い、とヤーンケも言う。原稿が書かれたのは、おそらくもっと早い。それを書いたのはハンス＝ショルとアレクサンダー＝シュモレルの二人で、できたものをフーバーに見せた。フーバーは公判での弁論で、この件に関して次のように述べている。

「一月末のある晩、われわれは初めてショルの住居に集まった。ショルの妹はときどきすがたを見せたが、話の中には入らなかった。あとからきたシュモレルも同様である。私は主として、〈政治的信条告白〉の中に書いた、真の指導者国家への復帰という視点のいくつかを展開した。ショルはそのときはいくらか過激のように見え、〈指導者国家〉という言葉はやめてほしい、と言った。しかし、その他の点では私の考えに賛成であった。私は、反ボルシェヴィズムの精神を彼に強調した。ショルにぜひきてくれと言われて、ある日の午前中にもう一度訪ねて行ったとき、ショルはシュモレルのいる前で、いきなり〈すべてのドイツ人に〉というビラの草案を読み上げた。それと、もう原稿に仕上がっているシュモレルの草案をも読んで聞かせたのである。私は、シュモレルの草案には共産主義的な響きがあり、だいたい明確さを欠く上に陳腐であると言って、きっぱりと斥けた。まだできあがっていないショルの草案のうち、私は、取り調べのときに述べたように、最初の部分はそのままにし、文体上の観点から、できていない部分の文章を二、三変え、不明瞭な文章を一つ消して、新しいのを書き加えた。そして、〈抵抗運動のビラ〉という表題を取り除くことを要求した。この草案がただちに仕上げられてビラの土台になろうとは、私の考えもしなかったことである」。

なおつけ加えておくと、党中央文書館にある文書によれば、フーバーはゲシュタポの係官に、シュモレルの草案を共産主義的だといって斥けたことのほかに、ショルの草案についても、共産主義的なところがあるということで異議を唱えた旨を述べている。

それはともかく、この弁論によると、一月末にまず話し合って、そのあとで、民族裁判所の〈判決理由〉に言う、ビラの「原稿整理」をしたことになっているが、これは少しおかしい。二〇日には、作り上げたビラをグラーフが旅行に持って出ているのだから、草案の検討と原稿の完成はそれより大分前と考えなければならないのである。

そのビラはこういうものであった。

すべてのドイツ人に呼びかける！

戦争は確実に終末へ向かいつつある。一九一八年のときと同じように、ドイツ政府は増大しつつあるUボートの脅威にみんなの注意を向けようと試みているが、その一方では、東部戦線でドイツ軍は絶えずなだれを打って退却し、西部戦線では大陸反攻が予期される。アメリカの軍備はまだ頂点に達していないのに、今日すでに史上最大規模のものとなっている。ヒトラーがドイツ民族を深淵へ突き落とすことは、数学的にいっても確実である。ヒトラーは戦争に勝つことはできない。ただ、戦争を引き延ばすことができるだけである。彼とその助力者どもの罪は、あらゆる尺度を無限に踏み越えた。至当の刑罰はますます近づきつつある！

しかし、ドイツ民族は何をしているのか？　見ることも聞くこともせず、盲目的に誘惑者どものあとに従って、破滅へと急いでいるのだ。いかなる犠牲を払っても勝利を！　と、彼らは旗に書き記した。予は最後の一兵まで戦う、とヒトラーは言う――しかし、その間に戦いはすでに敗れてしまっているのである。

ドイツ人よ！　諸君と諸君の子どもたちは、ユダヤ人を襲ったのと同じ運命に甘んずるつもりなのか？　諸君は、諸君の誘惑者どもと同じ尺度で計られることを望むのか？　われわれは永久に、世界中からきらわれ、のけものにされる民族でいなければならないのか？　否！　それならば、ナチの非人間どもから絶縁せよ！　行為によって、諸君の考えが違うことを実証せよ！　新しい解放戦争が始まる。国民のよりよき部分は、われらの側に立って戦う。心にまとう無関心のマントを破り捨てよ！　手遅れにならないうちに決断せよ！　諸君の五体にボルシェヴィキに対する恐怖をたたき込んだナチの宣伝を信じてはならない。ドイツの幸福がナチズムの勝利とよかれあしかれ結びついているなどという説を信ずるな！　犯罪者風情がドイツの勝利を克ち取ることはあり得ない。時機を失せず、ナチズムに関連する一切のものから絶縁せよ！　のちになって、おそろしくはあるが公正な審判が、臆病に、不決断に、隠れていた者の上に下されるであろう。

決して国民的ではなかったこの戦争の結末は、われわれに何を教えるであろうか？

帝国主義的権力思想は、いかなる側から生ずるものであれ、永久に清算されなければならない。一面的なプロイセン軍国主義が二度と権力の座につくことは許されない。ヨーロッパ諸民族が大規模に協力してのみ、地盤が築かれ、新しい建設が可能になるであろう。プロイセン国家がドイツとヨーロッパにおいて用いようとしたような中央集権的暴力は、どんなものでも、萌芽のうちに摘み取らなければならない。来るべきドイツは連邦制をとるよりほかは考えられない。健全な連邦主義的国家秩序のみが、衰弱したヨーロッパを、今日なお、新たな生命を以て満たすことができる。労働者階級は理性的社会主義によって、最低の奴隷状態から解放されなければならない。各民族、各個人は、世界の財貨を要求する権利がある！

言論の自由、信仰の自由、犯罪的暴力国家の恣意に対して個々の市民を守ること、これが新しいヨーロッパの基礎である。

諸君、抵抗運動を支持されよ、このビラを配布されよ！


このビラを、グラーフ、シュモレル、ショル兄妹がアイケマイヤーのアトリエの地下室で約八〇〇〇枚刷り、ドイツの各地で配布する綿密な計画をたてた。アレックスとハンスはまずミュンヘンで、たいていは夜、電話ボックスや映画館、劇場、駅などにこのビラをこっそり置いてきた。ハンスが大学の中にビラを置いたとき、フーバー夫人ののちの報告によれば、掃除婦に見つかって逃げようとした。ところがハンスが驚いたことに女はビラを読んで、彼のうしろから「いいじゃないの。またこういうことが起こるときになったのよ」と叫びかけたという。また、ミュンヘンから郵便で出すと、作製地が、従って運動の本拠地が分かってしまうので、グループの学生たちが、汽車に乗って方々の都市へ自分の手で運んだ。汽車の中では野戦憲兵とゲシュタポのコントロールが行われるため、極度の用心が必要であった。目的地に着くと、そこでビラの一部はその町の住人あてに、他はほかの町の住人あてにして、投函した。シュモレルはザルツブルク、リンツ、ウィーンなど、旧オーストリアの諸都市に汽車で行って、ザルツブルク、リンツでそれぞれ二〇〇枚、ウィーンで一二〇〇枚を郵便で発送し、ウィーンではさらに、フランクフルト－アム－マインあてのものを四〇〇枚、ポストに入れた。ユルゲン＝ヴィッテンシュタインは、ヘルムート＝ハルテルトのいるベルリンへ行った。ただハルテルトは、前にも述べた通りショルたちとは部分的だが意見が違い、ミュンヘンのやりかたを基に自分なりの方法を考えていたから、ベルリンではビラをそのまま配ってもらうことは期待できなかった。ゾフィーはまずアウクスブルクに行って、すでに宛名を書いて切手も貼ってある封筒二〇〇枚にビラを入れてポストに投げ入れ、それからウルムでハンス＝ヒルツェルに会った。ヒルツェルがそれより前、謄写器と紙を買うためにゾフィーから八〇マルクの金を受け取っていたことはすでに記した。民族裁判所の〈判決理由〉によれば、「ゾフィー＝ショルは……ビラを配布するようハンス＝ヒルツェルをそそのかした。彼女は一度、それからもう一度、駅まできてほしいと彼に要請した。しかし、彼は彼女と会うのは避けたいと思って行かなかったところが、彼女の方から約五〇〇枚のビラを持ってやってきて、電話帳あるいは住所録からシュトゥットガルトの宛名を抜き出し、郵送の用意を整えた上で、シュトゥットガルトのポストに入れてほしい、と頼んだ。彼はあとになってからビラを読んで、その内容に賛成だとはいえなかったにもかかわらず、言われた通りにしようと約束して、実行した。彼がショル兄妹にいかに毒されていたかは、彼がそれ以前にすでに謄写器と付属品を買うために兄妹から八〇ライヒスマルクを受け取って、それを買い、反民族的なポスター（鉤十字の下に〈このしるしをつけている者は国民の敵である〉という文句を記したもの）の作製を試みたという事実からも分かる。彼はもちろん、この試みに成功しなかった。そして、ゾフィー＝ショルがビラを持ってくる前に、謄写器をドナウ川に投げ込んだ」。

果たしてこの通りであったかどうかは疑わしい。事実は当人しか知らないのだし、そのときの気分はあとからどうにでも言える。少しでも罪を軽くするために、たしかめようのないことを自分に都合のいいように述べるのは、当然の防衛策である。〈判決理由〉はなおつづく。

「……若いヒルツェルを、家族はひとかどのドイツ人に育てあげようとした。彼は明らかに病身で、いくつかの重病をくぐりぬけてきており、現実にはむしろ空論癖、実験欲となって現れる精神主義にこり固まる傾向がある。この少年は、自分ではほとんど意識しないうちに、ゾフィー＝ショルなるけしからぬ娘に影響されて、彼女に濫用された。ビラに賛成でなかったとはいえ、自分の行為を説明しようとする、彼の混乱した、哲学的であろうとする試みは、たしかに虚偽とは思えないが、彼の奇矯さを証明するだけである」。

ヒルツェルはしかし、級友のフランツ＝ミュラーとハインリヒ＝グーターに自分の役目を打ち明けて、手伝ってほしいと頼んだ。ミュラーは、牧師であるヒルツェルの父の教会へ行って、オルガンのかげで、電話帳から数百のシュトゥットガルトのアドレスを抜き出して読み上げ、ヒルツェルにそれを筆記させた。ヒルツェルは自分でシュトゥットガルトへ行き、姉ズザンネの助けを借りて、郵便受けに封書を投げ込んで回った。再び民族裁判所の〈判決理由〉によれば、

「彼〔フランツ＝ミュラー〕はヒルツェルの自称精神主義のとりこになった。彼の行為と責任は、ヒルツェルがシュトゥットガルト向けのビラに宛名を書き、郵送の準備をするのを手伝ったことである」。

「彼〔ハインリヒ＝グーター〕は級友のヒルツェルに、その計画と行動を聞かされた。彼はまた、ヒルツェルがシュトゥットガルトに行って、そこでビラをポストに投げ込むつもりであることも知っていた。ヒルツェルはシュトゥットガルトから帰ると、即日、仕事を果たした旨を彼に話した。

グーターは訴え出なかったことを友情にことよせて弁解しようとしている。たしかにわれわれは友情に篤いように少年たちを教育しようとしてはいるが、この場合は、友情の問題ではない。民族的行動によって友情の枠から飛び出す者に対しては、友情は存在しないのである。その場合には、全協同体に対する、より高い義務が存在する」。

「彼女〔ズザンネ＝ヒルツェル〕はシュトゥットガルトで音楽大学に通い、熱心に勉強して立派な成績をあげた。彼女は常にしっかりした少女であって、家庭では国家を肯定する教育を受け、女性にふさわしいしっかりした修養を積んだ。ある日、かわいがっている弟ハンスが突然彼女のもとに現れ、町で会うことを申し合わせて、こう言った。自分は家からこっそり出てきた。〈手紙〉を出す用事があるのだ。その内容に自分は賛成ではないが、出すことに別にさしさわりはあるまい、と。彼女はもちろん、ちょっとおかしいと思った。しかし内容をたしかめることをせずに〈手紙〉――それは〈女子学生諸君、男子学生諸君〉というビラだった――を発送するのを手伝った。そして、弟が帰らなければならなかったとき、まだ投函してなかった〈手紙〉の発送を引き受けたのである」。

民族裁判所のこの〈判決理由〉はいささか粗雑だといわなければならない。なぜなら、まず、ビラの表題を〈女子学生諸君、男子学生諸君〉としていることである。といっても、では何が正しいのかということになると、それがはっきりしない。C・ペトリが『処刑される学生たち』の本文に引用する〈ショルその他に対する起訴状〉、〈シュモレルその他に対する起訴状〉では、このビラには版が二つあって、最初のは〈ドイツの女子学生よ！　ドイツの男子学生よ！〉、もう一つは〈女子学友諸君！　男子学友諸君！〉であったという。しかし、民族裁判所の〈判決理由〉には上記のほか、〈ドイツの女子学生諸君と男子学生諸君〉、〈女子学友諸君と男子学友諸君〉、〈女子学生諸君と男子学生諸君〉の三つが併存していて、体制側の公式文書には、〈起訴状〉にある上記二つを合わせると、実に六種類もの変種が存在することになる。しかもペトリの『処刑される学生たち』に収められた〈資料集〉、ハーラルト＝シュテッファーンの『白バラ』、リチャード＝ハンザーの『ドイツのために』、ヘルマン＝フィンケの『ゾフィー＝ショルの短い生涯』、マリオ＝クレープスの『白バラ』（ミヒャエル＝フェアヘーヴェンとの共著）はすべて、〈男子学友諸君！　女子学友諸君！〉としており、インゲ＝ショルの『白バラ』だけが、順序を逆に〈女子学友諸君！　男子学友諸君！〉と書いているのは、いったいどういうことなのか。ペトリあるいは彼の著書に収められた民族裁判所の〈判決理由〉を信ずるならば、原紙がやぶけたために版が二つできたというのだから、このビラの最初の呼びかけも二つしかないはずなのである。

それはそれとして、もう一つ、〈判決理由〉には事実誤認があるように思われる。それはこういうことである。ズザンネ＝ヒルツェルがシュトゥットガルトで弟ハンスに頼まれて配布したビラは、男女の学生に対する呼びかけで始められるこの第六番目の、ということは最後のビラであったはずはない。それより前の、〈すべてのドイツ人に呼びかける！〉という呼びかけで始められる第五番目のビラであったはずなのだ。最後のビラが作製されたのはおそらく二月一二日、ショル兄妹がそれを学内で撒いて逮捕されたのが二月一八日であるから、そのわずか数日の間に、シュトゥットガルトでこのようなことが行われているわけはないのである。

一月二〇日にケルンに向けて出発したヴィリー＝グラーフの旅行かばんには、謄写器のほかに、第五番目のビラ〈すべてのドイツ人に呼びかける！〉が納められていた。しかし、ビラの数は多くなく、すぐ郵送できるよう準備が整えられてもいなかった。ビラを配るよりは、新しいグループを作ることの方が重要だと考えられたのであろう。彼は軍服を着ていながら、休暇証明書も軍人乗車証も持っていなかったが、何度か、列車内をコントロールする野戦憲兵の目を逃れることに成功した。無事ケルンに着いて、グラーフは早速〈新ドイツ〉の友人たちと話をした。二一日の日記には「興味ある会話」という書き入れがあるが、さしたる成果は得られなかったらしい。その日の午後にはボンに行って、友人のハイン＝ヤーコプスに会った。グラーフは日記に、「やはりここの方が状況は困難だ」と記している。ハインの妻マリタの報告によれば、話し合いは次のようなものであった。

「……夫は印刷物で革命を起こそうという考えかたを鋭く否定して、それはきわめて危険な、得るところより失うところが多い企てだと言いました。私はそのとき、夫がヌルミ〔グラーフのこと〕

をなすところなく帰らせたことにたいへん腹を立てました。私は何かをしたいという気持ちに燃えていたのです」。

ハイン＝ヤーコプスも〈灰色会〉の友人たちと同じように、ナチの最期はもう間近に迫っていると考えていた。だから今、あえて危険きわまる行動を起こすことはない、というのだった。ボンでの協力をことわられたグラーフは、がっかりし、さらにミュンスターへ足を伸ばそうと考えたが、連絡をとってくれるはずの、〈新ドイツ〉での友人が不在だということを聞いて、一月二二日、ザールブリュッケンにヴィリー＝ボリンガーを訪ねた。すでに協力を約束していた彼はすぐに了解し、ビラ数枚と謄写器を受け取って、自分の勤務室に置いた。そして、依頼されたように、ビラを複写して知人あてに送り、ザールブリュッケンの予備野戦病院の軍医たちにも見せたが、彼らのうちの誰一人としてゲシュタポに訴え出ることはしなかった。謄写器も発見されずにすんだ。前にも触れたことだが、ボリンガーはさらに、休暇証明書と軍人乗車証を非合法に入手し、すばやく官印を押して、ミュンヘングループに利用してもらうよう、白紙の証明書をグラーフに渡した。グラーフはそれからフライブルクへ行ってハインツ＝ボリンガーに会おうとしたが、不在で会えなかったので、ボリンガーの友人ヘルムート＝バウアーを捜して、彼と話し込んだ。しかし、二四日にウルムに行くと、そこでハインツに会うことができ、ビラを渡した。ボリンガーは、フライブルクに帰ってできるだけ早くそれを複写し、発送することを約束した。グラーフは日記に「興味ある会話。いろんなことが新たに分かってくる」と記す。しかし、時間のかかるその仕事が実行に移されないうちに、事は終わってしまう。

忙しい新年であった。夜、アトリエでビラの印刷をし、それが終われば、配布のための、神経をすりへらす旅行が待っていた。大学の講義を聴く一方、学生中隊の点呼にも出なければならない。グラーフの日記には、「夜おそくベッドの中に」（一月二八日）、「町のあわただしさが始まる」（二月八日）というような書き込みが増えていく。しかし、こういう常時の緊張から解放される自由な時間は、わずかでも、会話や読書や音楽に振り向けられた。学生たちは、新しいエネルギー源を求めてのように、週に何度もコンサートホールにすわり、〈バッハ合唱団〉の稽古に参加し、討論の夕べに集まった。テーオドル＝ヘッカーに、その著『創造主と創造』の中から朗読してもらったこともある（二月四日）。

一月二七日に、アトリエで会合があり、このときクリストフ＝プロープストもインスブルックからやってきた、とペトリは書いているが、これは疑わしい。なぜなら、グラーフのその日の日記にプロープストの名はなく、これだけでは彼がいなかった証拠にはならないが、数日後の三一日に、「おそくなってハンスのところに。クリステルがきていた。あまり多くは話さなかったが、クリステルに再会できたのはうれしい」という記入があるからである。この書きかたからすれば、その数日前の会合にプロープストが参加していたとは考えにくい。なおそれより前、二八日から二九日にかけての夜に、ハンス、アレックス、ヴィリー、ゾフィーの四人が、ミュンヘン市内で約五〇〇〇枚のビラを配布した。二八日のグラーフの日記には、「今日われわれは数時間、緊張して仕事をした。……ベッドに入ったのは夜遅く」と記される。

この三一日に、スターリングラードの戦闘について伝えられた報告に合わせて、プロープストはビラの草案を書いた。その全文は残されておらず、民族裁判所の〈判決理由〉によってその大体を知るほかはない。

「職業教育を国民社会主義ドイツ国に配慮してもらい、国民社会主義の人口政策のおかげで学生の身分ながら家庭を持てたにもかかわらず、プロープストはショルの要請に応じて、〈原稿〉を作製することをあえてした。その原稿たるや、スターリングラードにおける英雄的戦闘を奇貨として、総統を軍事的いかさま師と悪罵し、怯懦《きょうだ》なる敗北主義を鼓吹したのち、檄の形式に移行して、国民社会主義反対の立場をとりつつ彼のいわゆる名誉ある降伏の意味で行動せよ、と要請するものである。彼はそのビラによって種々の約束を行うにあたり、実にルーズヴェルトを引き合いに出して、その履行を保証している！　この知識は、イギリス放送を聴くことによって得られたものにほかならない」。

刷られも配布もされなかったこのビラの草案一枚が、クリストフ＝プロープストを死に追いやることになる。

このころ、それまでのミュンヘン市民の気分にいちじるしい変化をもたらす事件が起こった。スターリングラードの敗報もその一つだが、この、全国を貫いて走った衝撃とは別に、範囲をミュンヘン、それも大学ないしは大学生に限って騒乱が起こったのである。そのどちらも、抵抗運動の学生たちにとっては歓迎すべき事件、自分たちの運動にとってプラスになると思われる事件であった。一月一三日、ミュンヘン大学四七〇年記念祭が、ドイツ博物館の大ホールで催され、そのとき、大管区指導者パウル＝ギースラーの行った祝賀演説が騒ぎのもとになったのである。一月一五日付「ミュンヒナー＝ノイエステーナーハリヒテン」紙にその概略が報道されている。

ミュンヘン大学の騒乱

「ミュンヘン大学祭の幕をあける学生大集会に際し、水曜日の夜、ドイツ博物館大ホールにおいて、大管区指導者パウル＝ギースラーが演説した。大管区指導者が、その清新な闘争精神に支えられる演説においてまず言葉を向けたのは、つい先ごろまで諸処の戦線にあったが、この戦争の目的とする諸価値を求めるために数箇月の予定で戻ってきた学生たちに対してであった。大管区指導者は適切な言葉を以て、戦闘の影響と戦争体験――新たな価値判断の基準と外界に対する鋭い洞察の目とを与える体験――とに感銘を受けた彼らの感情を描き出した。彼は、戦線に立った学生たちの盛んな賛成の声を浴びながら、大学生活に現れる個々の戦時現象について述べ、その原因を思い切って徹底的にあばき出した。ほんとうにまじめに勉学し、一所懸命に将来の職業の準備をしている女子青年のあげる成果に対して、大管区指導者は最高の称賛を惜しまなかった。しかし、才能も適性もないのに、まじめに勉学する人たちから教室の座席と下宿を奪うようなタイプの女子学生は、はっきりと指弾された。大管区指導者の言葉からはっきりと感じ取られたところによれば、大学を、戦争の課するさまざまの義務を免れようとする、高等教育を受けた女子の救済機関にするつもりはない、ということである。

次いで大管区指導者は、同時にバイエルン州政府の指導に任ずる者としての立場から、男子学生に向かい、国民社会主義世界観の根本的教義に基づいて、目標と方向を指示した。『諸君は全ドイツの生命を支配する司令橋にまもなく立つ身であり、わが民族の人間的実存が作り出したあらゆる制度をその手に握る身である。諸君はわが民族にいのちがけの奉仕をしなければならないであろう。わが国の大学でねじ曲がった考えが育たないように配慮する、国家指導の大いなる責任もまた、この点に存する。〈ドイツの精神的先兵〉は、大学において、思考の最高の明晰さと、われわれの生活を形成する最も強い力へと成長しなければならない。われわれは、誤った価値が打ちたてられることを欲しない。この戦争で、銃後に使命として、要請として出されていることは、大学の門前でもとどまることはない。この門をくぐる者は誰しも、敵に直面している真の大学生の精神を以て勉学をし、協同体精神を実証するという義務を有する。』大管区指導者は、戦闘配置についた男女学生の模範的態度をほめちぎった。この配置によって、わが民族協同体の形成と強化をはばむ偏見の除去に、貴重な寄与がなされた。学生組織の使命は、この戦闘配置の継続と改善に全力をあげて、わが偉大な時代の怒濤と波動のただなかにドイツの学生を投げ込むことであってもらいたい。

大管区指導者は、ゆがんだ知性と誤った賢明さに伴うありとあらゆる先入見及び付随現象に、皮肉な比較によって決着をつけた。純粋な人生をわれわれに与えるのは、人生を肯定する明るくて楽しいアドルフ＝ヒトラーの教説ただ一つである。彼から発する強烈な力がわれわれの人生を貫く。この教説が要求権を及ぼさない領域は一つもない。総統の作り上げた、ドイツ民族の強力な組織としての国民社会主義労働者党が、個々の人格の評価の問題でどういう立場をとるかについて、大管区指導者は次のように述べた。『国民社会主義協同体は生活を制限するのではなく、逆に刺激を与える。国民社会主義の生活秩序は、個々のドイツ人に、彼の領域内においてその人格を完全に発露させる可能性を与えるために、最大の余地を残している。人格を開展させ、最高の活力が生ずるように生活を秩序づけて流動させる事こそ、国民社会主義の法則にほかならない。国民はもちろん、国民社会主義の生活圏の広さを認識しなければならず、それを見ようという意欲を持ち、これまでは存在しなかった機会と可能性をつかまなければならないのである』

大管区指導者は、わが国の大学教師たちに対し、一切の麻痺を解きほぐすこと、純粋な本性を以て刺激的に、腹蔵なく、力強く、人生肯定的に、足もとにすわっている学生たちの精神的な飢えを満たしてやることを要望した。学生たちの目は教師に注がれており、彼らは教師のうちに、従うことのできる模範を捜し求め、真の人生の認識に導いてくれる人、感嘆に値する人を求めている。アドルフ＝ヒトラーの教説から導き出される生活信条——反駁の余地がないその正しさからのみわれわれの存在の救済が説明されるのだが、その生活信条を明確に展開してみせて、大管区指導者は、ミュンヘン大学の学生たちに対する感銘深い演説を終えた」。

感銘深かったのはナチ党員だけだったかもしれないが、この記事を読む限りではさしたる問題はなさそうに見える。強いていえば、前半にある「才能も適性もないのに、まじめに勉学する人たちから教室の座席と下宿を奪うようなタイプの女子学生は、はっきりと指弾された。大管区指導者の言葉からはっきりと感じ取られたところによれば、大学を、戦争の課するさまざまの義務感を免れようとする、高等教育を受けた女子の救済機関にするつもりはない、ということである」という部分に何かありそうである。

ギースラーの演説はとてもこれくらいではすまなかったが、騒ぎが起こったことに一言も触れない以上は、ここまででとどめておかなければならなかったであろう。この箇所ですでに、軍服を着て平土間に陣取っていた学生中隊と、二階席にいたふつうの学生とから成る聴衆から野次が飛ばされ、とりわけ女子学生たちのすわっていた二階の桟敷席から、激しい抗議の声があがった。しかしそれで、大管区指導者はいよいよいきり立ち、女のすわる自然の座は大学ではなく、家庭の夫のそばにある、と怒った女子学生たちに向かって叫んだ。きみたちは勉強する代わりに、母としての使命と義務を思い出して、「むしろ総統に一児を贈るべき」だ、なぜ彼女たちが一学年ごとに息子というかたちで成績を提出してはいけないのか、自分にはその理由が分からない。こう述べると、ホールの中は騒然となった。ギースラーがそのあとになおつづけて、「もしボーイフレンドを見つけるだけの美しさに欠ける女の子がいるようだったら、私は喜んで私の副官たちのうちから何人かを相手にさし向けよう。……その女性には楽しい体験を約束できる」と言ったが、その最後の言葉は怒りの叫び声にかき消され、二階席の女子学生たちは立ち上がって出て行こうとした。しかし、それは、警察の手を借りたナチ学生同盟の学生たちにさえぎられた。

騒ぎのためにいったん中断した演説が終わったあと、ギースラーは二階席の女子学生を外に出すなと命令し、抗議して出て行こうとした人たちを捕らえた。他の男女学生はナチ党員、警察、親衛隊の手で外に出されたが、学生中隊は攻撃隊を編成し、表功章を何個もつけた士官を先頭に、くさび形の陣型で監視者の遮断線を突破した。そして、学生指導者を演壇から引きずりおろしてぶんなぐり、人質にしたあげく、ついに女子学生たちを救い出した。その瞬間に機動隊が到着した。学生たちは警察に立ち向かって、警官をイーザル川に放り込もうと試み、市内への道を切り開いた。学生たちは学部の別なく共同歩調をとって、おたがいに知らない学生たちが腕を組み、ルートヴィヒ通りを北へ、大学に向かって進んで行った。ショル兄妹、ヴィリー＝グラーフ、アレクサンダー＝シュモレルは、第三号のビラで説いた〈あらゆる文化的行事におけるサボタージュ〉のすすめに忠実に、この式典に出席していなかったが、学生中隊に所属するユルゲン＝ヴィッテンシュタインとヴォルフ＝イェーガー、フーベルト＝フルトヴェングラー、それにアンネリーゼ＝グラーフ、カタリーナ＝シュッデコップ、ギーゼラ＝シェルトリングらの女子学生から話を聞いた。それで〈白バラ〉の主要メンバーは、自分たちのビラが何らかの影響を学生たちに与えたのではないかと考えて、勇気が湧いてくるのを覚えた。ただ、グラーフはこの事件に関して何も記していない。当の一三日の日記には前に引用した「石は転がり出した」という書き込みがあるだけである。これをこの日の騒乱に結びつけるのは困難のように思われる。

一三日のこの騒動のあと、一月末に再び集会が開かれた。ギースラーは前回の不始末に何とか収まりをつけたいと考えたのである。大管区指導者は、騒動が収まらなければ大学を閉鎖して、男子学生は前線の勤務に追いやり、女子学生は軍需工場に徴用するとおどしをかけはしたものの、前回の演説は行きすぎだったと謝罪した。騒ぎが収まらなければ困るので謝罪はしたものの、それだけではいまいましくて、おどしをかけたのであろう。しかし、つかまった学生たちは事件後まもなくゲシュタポから釈放されており、ことは学生側の勝利に終わったといっていい。

このような状況下に、スターリングラードの敗報が伝えられたのである。親衛隊保安本部の出している〈国内通信〉には、「今のところ国民の話題の中心は、戦局の推移にスターリングラードをめぐる戦闘がどういう意義を持つかということである。スターリングラードは戦局の転回点を意味するという確信が、一般の心を占めている。戦闘的な人たちがスターリングラードを、前線及び銃後において総力を投入すべき最後の機会と考えているのに反し、より不安定な国民大衆は、スターリングラードの失陥を終末の始まりと見る方向にかたむいている」と述べられている。

危険な行動

このころ、ショルとシュモレルは、ビラ配布よりももっと直接的な行動に出た。残ったビラを何日かにわたって、夜、ミュンヘンの諸処の街路に貼って歩いたのである。これは前のやり方に比べればはるかに手っ取り早かったが、それだけに危険を伴う作業であった。さらに二月三日から四日にかけての夜（といえばスターリングラードの敗報が伝えられた直後ということになる）、捜査当局の記録によれば、

「ミュンヘンの少なくとも十箇所にブリキの型板及びペンキを以て、〈自由〉あるいは〈ヒトラー打倒〉という文句が書かれた。そのそばに、線を引いて消された鉤十字が描かれていた。この種の文句は、ルートヴィヒ通りの広告柱、大学、アマーリエ通り、サルヴァートル通り付近及びアルトハイマー＝エックに書かれていることが確認された。犯人は不明である。家の持ち主は、この文句を抹消するよう指示された」。

そしてこのあとに、それより前のことと思われる、街路でのビラ撒きについての言及がある。

「最近数日間、民主主義的・連邦主義的傾向を有する反国民社会主義的内容のビラ約一三〇〇部が、

市の方々の街路で発見された。犯人は不明である」。

ちょうどこのころ、というのは一九四三年一月末から二月五日までの約十日間、ハンスの妹でゾフィーの姉エリーザベト＝ショルが、ミュンヘンにきて、フランツ＝ヨーゼフ通り一三番地にあるハンスとゾフィーの下宿に泊まっていた。彼女は次のように回想する。

「……そこに滞在していた間、私は兄と妹の行動にはまるで気がつきませんでした。……ある晩、ハンスはアレックス＝シュモレルといっしょに、婦人科病院に行くと言って〔クリストフ＝プロープストの妻が第三児を出産したあと、まだ病院に入っていた〕出て行きました。そのすぐあとにヴィリー＝グラーフが現れ、私が二人は婦人科病院に行ったと言いますと、笑って、ぼくを置いてあそこに行くことはないさ、と言いました。ゾフィーはこの晩、神経質になっているように見えました。私たちは二人でイギリス公園を散歩しました。ゾフィーはその散歩の間、何かしなくてはいけない。たとえば壁に字を書くとかしなくては、と言いました。私が〈ポケットに鉛筆があるわ〉と言うと、ゾフィーは、〈そういうことはタール染料でしなくてはだめよ〉と言います。〈そんなことをしたらおそろしく危険だわ〉と私。ゾフィーは話をそらして、〈夜は自由な者の友だちね〉と言いました。

……

翌朝、私はゾフィーとハンスについて、フーバー教授のライプニッツに関する講義を聴きに大学に行きました。大学の入口の横に学生たちがいっぱいたかって、壁をじっと見つめていました。近づいて見ると、その壁には黒いペンキで〈自由〉という言葉が一メートル以上もあろうかという大きな文字で書きつけてありました。何人もの掃除婦が一所懸命になって、その文字をこすり消そうとしていました。ちょっと歳をくった一人の学生がゾフィーに、〈くそたれめが!〉と言いました。ハンスは、〈ぼくたちは目立ちたくない〉と言いながら、先へ行こうとせきたてました。そこを離れながら、ゾフィーは低い声で私に〈消すには長くかかるわよ。タール染料なんだもの〉と言いました」。

エリーザベトは〈ある晩〉とだけ言って、特定の日付を述べていないが、ハンスとアレックスが(そしておそらくあとからヴィリーも)出て行った晩は二月三日であり、町のあちこちに〈自由〉、もしくは〈ヒトラー打倒〉の文字を書きつけるのが目的であったことは明らかである。翌四日のことについては、もう一人目撃者がいた。トラウテ＝ラフレンツは次のように述べている。

「大学に行くと、ハンスが向こうからくるのが見えた。脇を見たり、あたりを見回したりして、それと分かるようなそぶりは一切見せなかった。大またで、少し前かがみになりながら(このころ彼は姿勢がよくなかった)、突つき合ってはああだこうだと言っている人々のそばを通り過ぎた。かすかな、ほとんど得意そうといってもいい微笑が、とても元気そうな顔に浮かんでいた。それから二人で大学に入り、バケツとほうきとブラシを持って石の壁の字を拭き消そうとしている掃除婦の群れのそばを通り過ぎたとき、その微笑は深まった。それから興奮した一人の学生が私たちの方へ走ってきて、〈きみたち、もう見たかい？〉と叫んだとき、ハンスは大声で笑い出して、〈いや、いったい何だね？〉と言った。そしてその瞬間から、私は彼の身の上がおそろしく心配になり始めた」。

彼らが不注意だったのではない。この夜間の行動に際しては、二人が壁にスローガンを書き、描いた鉤十字を赤いペンキで消す仕事をしている間、もう一人がピストルの安全装置をはずして見張った。エリーザベトが兄妹の下宿にいた間、二日かかって大掃除をしたのだが、そのときも何も疑わしいものは見つからなかった、という。身内にさえ知られないように気をつかわなければならない緊張の日々の連続したあとには、ふっと空しさに襲われることがあった。一月一三日、ゾフィーは日記に最後の書き入れをしている。

「ひとりになるとすぐ、悲しくなって、心の中にある活動しようという気持ちが一切消え失せてしまう。本を手にとるのも、関心があるからではなく、別の人間がそうしているみたいなのだ。このひどい状態を克服するにはただ一つの方法しかない。どんなにひどい苦痛でも、たといそれが単に肉体的なものであれ、この空しい平安より千倍も好ましい」。

夜間のペンキ塗り仕事は、この二月三日だけではなかった。〈シュモレルその他に対する起訴状〉によれば、「二月八日と一五日に彼らは再び、公共の建造物にタール染料と緑色のラッカーで、次のような不潔な標語を書きつけた。すなわち、〈ヒトラー打倒〉、〈大量殺戮者ヒトラー〉、〈自由〉

などと」ということである。町の真ん中の諸処にこの種の政治的スローガンが書かれたのは、ミュンヘンでは一〇年来なかったことだった。ユルゲン＝ヴィッテンシュタインの回想によれば、「ニュースは野火のように、消しそこねた文字の跡がまだ見える町に広がった。到るところに、ひそひそとささやくグループが固まっていた。番兵が、立ち止まらず歩くようながし、警官が町を巡回した」というような状況であった。グラーフは二月八日と一一日の日記に、それぞれ次のように記入している。

「昼にハンスを訪問。晩に二、三の書きもの。仕事」。

「ハンスのところで大いに興味のある話になる」。

ハルナックとの話し合い

他の抵抗グループとつながりをつけたいというハンス＝ショルの願いを容れて、ファルク＝ハルナックがベルリンからやってきた。二月六日から一二日までミュンヘンに滞在する間に、九日から一一日にかけて、何度かハンスたちとの話し合いが行われた。公判におけるフーバーの弁論によると、それはこういうことである。

「たぶん二月八日、月曜日だったと思うが、ショルは講義のあとで、ベルリンのハルナック博士という人を紹介してもいいかと訊ねた。私はきっぱりと拒絶した。翌二月九日の朝、彼はハルナックといっしょに私を待っていた。私ももう断れなくなって、いっしょにショルの住居に行った。経済学者のハルナックと、スターリングラードの敗戦後の状況についてちょっと話したあとで、私はヨーロッパの経済建設について彼の意見を求めた。彼はカムフラージュしながら、全体的には純共産主義的な綱領を展開し、私はそれに鋭く反撃した。ハルナックが帰ってから、私はショルに、ハルナックとこれ以上接触するなと強く警告した。ハルナックがむしろ理想主義的、理論的なコミュニストなのか、それとも何かの組織の意を体して活動しているのか、よく分からなかったのである。個人的に言えば、彼はおだやかで知的な印象を与え、感じが悪いというようなことはまったくなかった」。

しかし、同じときのことを述べた、マルクス・レーニン研究所の党中央文書館にあるフーバーの調書は、これと少しニュアンスが違う。

「われわれはほとんど経済的な状況のことばかり話し合った。ハルナックは、それは全体的な社会主義によってのみ、すなわちすべての生産とエネルギーの全体的な社会化によってのみ、ある程度回復することができるという意見であった。彼は、社会化のロシア的な形態がその模範になり得るのではないかと示唆したが、私はそれに鋭く反撃した。私は、ハルナックが共産主義世界と何らかの関係にあるのではないかという印象を抱かずにはいられない」。

経済状況についての話がややくわしく報告され、それに伴ってハルナックの共産主義的な立場が強調される。時間的に後のことと思われる公判での弁論では、ハルナックの身を気遣ってか、言いかたがおだやかになる。

このとき、ほかに誰がいたのか。ペトリの引用するハルナック自身の報告にはシュモレルの名しか出てこないし、グラーフの日記にはハンスを訪問したことしか書かれていない。しかし、これも党中央文書館の資料によれば、ハンス、アレックス、ヴィリーの三人がいたはずである。マリオ＝クレープスの述べるところでは、ハルナックは、近い時期にベルリンで反乱の起きる期待が持てる、と報告し、ベルリンの抵抗運動は〈白バラ〉との共闘に多大の関心を抱いているから、超党的な反ファシズム戦線を結成する必要があると言って、二月二五日のベルリンでの会合にこないかと、ハンスとアレックスを誘った。

ハルナックとミュンヘン－グループとの話し合いは、それから、抵抗運動に残されている使命に移った。ハルナックは、絶対に信頼できる組織を作り上げることが緊急に必要だと強調し、反ファシズムの諸力はすべて超党派的に共闘すべきだということで、みんなの意見は一致した。これから出すビラには、戦争はドイツの負けであること、ヒトラーとその一味はドイツ国民を犠牲にしてでも戦争をつづけようとしていること、戦争を早く終わらせるために反対勢力をすべて動員しなければならないことを盛り込もうという考えに、異論はなかった。話はさらに、ナチを打倒したあとは何をなすべきかという問題から、ドイツ国の将来の構造にまで及び、みんなが中央集権に賛成したが、フーバーだけは範例としてスイスの連邦制をあげた。経済の面では、ドイツが経済的な破局から救われる道は計画経済しかないという考えかたに対して、ショルとフーバーが反対した。ショルの反対は農業経済についてだけであったが、フーバーは原則的に一切の計画経済を拒否し、イギリスのリベラルな経済体制を唯一可能なものと考えた。

ハルナックは報告する。

「保守的な抵抗運動はほとんど純西欧的な方向を有し、それゆえにまた、絶えずロンドンとの間にコンタクトと結びつきを持っていたが、ハルナック／シュルツェ＝ボイゼンの抵抗運動は、それ自体が社会主義的であったためにソビエト連邦との友好——完全にドイツの自主性を保って——に基本的に関心を抱いていた。この点までは了解が可能だったが、それからフーバー教授は、ソビエト連邦との友好は拒否するし、リベラルな個人主義しかドイツにとって適切な生活形式とは認められない、と言い切った。ここでショルとシュモレルが口を出した。特にシュモレルは、西欧にばかり執着するのは政治的にいって絶対に近視眼的であると述べ立てた。自分はコミュニストではないが、ソビエト連邦が発見した新しい社会形態、経済形態が、疑いもなく将来最も強い政治的な力になるであろうと信ずる、と彼は言うのだ」。

フーバーのビラ草案

マリオ＝クレープスはハルナックの報告（この報告から、シュモレルがもう、かつてのような激しい反ボルシェヴィズムの立場に立ってはいないことが分かる）をこのように引用したあとで、なおつづける。クルト＝フーバーはハルナックが帰ったあとで、ハルナックがああいう社会主義的な考えかたをするのでは、もうこれ以上彼と共闘することはやめたと言った。しかしハンスとアレックスとヴィリーはそれに反論し、アレックスが二月二五日にベルリンの会合に出ることを決めた。フーバーはそのとき、自分の書いたビラの草稿を出して見せた。それにはみんなが大いに賛成したが、ビラの結語については激しい論争になった。フーバーは学生たちへのアピールとして、〈われらの栄光ある国防軍に入りたまえ〉という文章を提案したのだ。ハンス、アレックス、ヴィリーは師の意見に同意できなかった。彼らは兵士としての経験に基づいて、国防軍はとうにナチズムの一つの支柱になってしまったと考えていた。彼らは国防軍に何らの〈栄光〉をも見出すことができなかった。共闘はせいぜい、抵抗運動に加わる個々の兵士としか可能ではない、というのである。それでフーバーは草稿を引っ込めたいと言ったが、グループはそのビラを結語なしで発表することを求めた。フーバーは腹立たしい思いを抱いて、話し合いの場を去った。

フーバーの書いたビラ草案の中で、学生たちの反対で抹消された部分は、ペトリも「諸君はこれから、一人残らずわれらの栄光ある国防軍に入りたまえ」という文章であると書いているが、ヤーンケは党中央文書館に残されている資料を引いて、ハンスの抹消した文はもっと長く、「男子学生諸君、女子学生諸君。諸君は前線と兵站基地で、敵前で、負傷兵救護において、また実験室、仕事場においても、あますところなく国防軍のために尽くしてきた。われわれのすべてにとって、いかなる形においてであれ、ロシアのボルシェヴィズムを殲滅《せんめつ》すること以外の目標はあり得ない。諸君はこれから、まとまってわれらの栄光ある国防軍の戦列に加わりたまえ」であるという。こういう文章なら、ハンスたちが抹消したのも当然であろう。

それはともかく、クレープスは、フーバーが第六のビラの草稿を二月九日、ハルナックの帰ったあとで学生たちに渡したと考えており、〈公判におけるフーバーの〈弁論〉にも、この件に関して「私は二月九日、ハルナックと話したあとで……彼〔ハンス＝ショル〕に、講義の前に家で急いで打ってきたタイプ書きの草稿を見せた。ショルはその紙を取って、学生たちは一人残らず国防軍に入るようにと要請した決定的な箇所を、シュモレルと二人で抹消してしまった。私は腹を立てて、それならきみたちの責任でビラを作りたまえと答えて、彼がその紙を返さなかったので、私の草稿はすぐに破り捨ててくれと言った。私はひどくむしゃくしゃしながら家を出た。それからのちは、ショルにもシュモレルにも会っていない」と述べられている。

ところが、ペトリの記述によると、日付が違うのである。

「ショルとシュモレルは、ある日の午後フーバーのところに行って、〈プラトンその他の引用句がほしいと頼み込んだ〉。このことは、彼らがこのようなきわめて政治的な状況のもとで、直接に大っぴらに抵抗運動をやっていながら、その出発点からすっかり離れ切ってはいなかったことを示している。最初は、ヨーロッパの精神的伝統の基盤をなす著作からの引用が、彼らにとっては抵抗への掛け橋だったのである。フーバーは頼まれた引用句を渡すことをせず、二月一四日の朝食前に自分でビラを書いて、ハンスのところに持って行った」。

最後の〈二月一四日云々〉の箇所が問題になる。ハーラルト＝シュテッファーンも二月一四日のこととしており、これはフーバー夫人クララの口述に基づくものと思われる。クレープスの記す二月九日という日付は、フーバーの〈弁論〉に、前に引用した通り、「二月九日、ハルナックと話したあとで……彼（ハンス＝ショル）に、講義の前に家で急いで打ってきたタイプ書きの草稿を見せた」とあるのと一致する。この草稿と、二月一四日の朝食前にフーバーが書いてハンスのところに持って行ったとペトリが述べるビラとは、同じ第六のビラだったとしか考えられない。二月九日のハルナックとの話し合いは、ハルナック自身の報告による裏づけもあって疑うことができないから、フーバーが第六番目のビラを自分で書いてハンスに見せたのが二月一四日ではなくて九日であったと考えれば、矛盾はなくなる。それに、ヤーンケの引用する党中央文書館の資料の中で、グラーフが二月一二日にビラの作製を終わったと述べているのも、この考えの支えになろう。一四日に書かれた原稿が一二日に刷り上がるはずはないのだから。

結語を削られたそのビラとは、どういうものであったのだろうか。

男子学友諸君！　女子学友諸君！〔この呼び掛けにいくつもの変種があることは前に詳述した〕

わが国は、スターリングラードの敗戦に心ゆすぶられている。三三万のドイツ軍は、第一次大戦時の兵長の天才的な作戦によって、無意味に、無責任に、死と破滅へと駆り立てられたのである。総統よ、われわれはあなたに感謝する！

ドイツ民族の胸中は沸き立っている。われわれはなおも一ディレッタントにわが軍の運命をゆだねつづけるつもりなのだろうか？　われわれは党の一味の低劣な権力本能に、残るドイツの青年を犠牲にするつもりなのか？　と。断じてそんなことはしない！　清算の日はきた。ドイツの青年が、わが国がかつて味わったことのない、憎みてもあまりある独裁制を清算すべき日が。ドイツの青年の名において、われわれはアドルフ＝ヒトラーの国家に、個人の自由を返せと要求する。ドイツ人にとって最も貴重なこの財産を、われわれはまことにみじめにもだまし取られたのである。

自由な意見表明にはどんなものにでも容赦なくさるぐつわをはめる国家で、われわれは育ってきた。ヒトラー＝ユーゲント、突撃隊、親衛隊が、われわれの生涯で最も実り多い教養の年齢に、われわれを画一化し、煽動し、麻酔をかけようと試みた。芽生えてくる自己思考を空虚な常套句で煙に巻いて窒息させる、軽蔑すべき方法を、〈世界観的訓練〉といった。これほど悪魔的であると同時に愚かなものも考えられない指導者選抜が、方々の指導者養成所で、未来の党ボスどもを、神も恥も良心もない搾取者、殺人者に、盲目で愚鈍な総統随従者に育て上げる。われわれのような〈精神の労働者〉は、この新しい指導者層のために棍棒を造ってやるのにぴったりなのであろう。前線の兵士は学生指導者や大管区指導者候補によって、小学生並みの処罰を受け、大管区指導者らはみだらな冗談を飛ばして、女子学生の名誉を傷つけんとする。ドイツの女子学生はミュンヘン大学において、その名誉毀損に対して品位ある回答をなし、ドイツの学生たちは学友たる彼女らを守らんと立ち上がり、ついに守りぬいた。……これこそ、われわれの自由な自己決定を戦い取る第一歩である。この自己決定なくしては、精神的価値を創造することはできないのだ。われわれの感謝は、これら、輝かしき先例を残した勇敢なる男女学生諸君に捧げられる！

われわれにとって、合言葉はただ一つ、党に対して戦え！　あるのみ。われわれをなおも政治的な唖者にとどめんとする党組織から離脱せよ！　親衛隊の上級、下級の指導者たちや、党にへつらう者どもの演説会場から飛び出せ！　われわれの関心事は真の学問と純粋な精神の自由である！　いかなる脅迫の手段もわれわれを驚かすことはできない。大学の閉鎖、また然りである。道徳的責任を自覚した国家におけるわれわれの未来を、われわれの自由と名誉を求める、われわれ一人一人の戦いこそ重要なのだ。

自由《フライハイト》と名誉《エーレ》！　ヒトラーとその仲間は一〇年の長きにわたって、この二つの立派なドイツ語を締めつけ、叩きつぶし、ねじ曲げてきた。こんなことは、国民の有する最高の価値を豚の前に投げ与えるディレッタントにして初めてなし得ることである。彼らにとって自由と名誉がどんな価値を持っているかは、ありとあらゆる物質的、精神的な自由、ドイツ民族のうちにある、ありとあらゆる道義的実質が破壊されたこの一〇年間に、彼らが十二分に示してきたところである。いかに愚かなドイツ人といえども、このおそろしい流血、彼らがドイツ国民の自由と名誉の名において全ヨーロッパで行った、そして今また日々行いつつあるこの流血を眼前にして、悟ったはずである。ドイツの名は永久に汚されたままになるであろう。もしドイツの青年がついに立ち上がって、復讐すると同時に贖罪し、加害者を破砕して新しい精神的ヨーロッパを築き上げることがなければ。女子学生諸君！　男子学生諸君！　われわれの上にドイツ民族の目は注がれている！ドイツ民族はわれわれに、一八一三年にナポレオンのテロを打ち破ったのと同様、一九四三年にナチのテロを精神の力を以て打ち破ることを期待しているのだ。東のかたベレジナとスターリングラードには火の手があがり、スターリングラードの死者はわれわれに懇願する。

〈いざ立ち上がれ、わが民族よ、のろしがあがっている！〉と。

わが民族はナチズムによるヨーロッパの征服に抗し、自由と名誉の信念にあらためて感奮しながら進軍を開始する。

このビラは、フーバーの怒りが新たなエネルギー源となって生まれた。まずスターリングラードの敗戦を前面に押し出し、ギースラー演説をめぐって起こった騒動はその次に言及されるが、それは、大学及び大学生に関する出来ごとは一般の関心を引くことが少ないと感じられたからである。しかし、筆者の関心がその問題に向けられていることは、この事件における学生側の勝利について、「これこそ、われわれの自由な自己決定を戦い取る第一歩である」と述べられることからも分かる。しかし、その考えは悲劇的な誤りであった。一般の学生たちはついに、彼らを支援して抵抗に立ち上がることなく、ビラの筆者たちは第三帝国の最期を見ずに若い生命を断たれるのである。そしてまた、ドイツ博物館でのこの事件によって強められた、国防軍に入っていれば安全だという考えも誤っていた。〈栄光ある国防軍〉に入ることを要請したフーバーの文章をビラから削りながら、彼らはなお、軍人であればふつうの市民よりも安全だ、ナチが自分たちのために戦うことのできる青年を無益に処刑するはずはない、と考えていたように思われる。インゲ＝ショルは、「彼ら六人の全部が、自分たちの行動の結果にほんのわずかな疑いをも抱かなかったということは、きっぱりと言っておかなければならない。行動が発覚すれば処刑が待っているだけだとは、その当時、ものの分かる人なら誰でも心得ていた」と述べているが、いわば外部の人間であるファルク＝ハルナックばかりではなく、フルトヴェングラー、ハマーシュタイン、ラフレンツらの報告を総合してみれば、実行グループが危険をそれほど現実化して考えてはおらず、近しい人々にはしばしば軽率と危ぶまれる言動に出ていた姿が浮かびあがってくる。

最後のものになる第六番目のビラは、ハンスとゾフィーのショル兄妹、アレックス＝シュモレル、ヴィリー＝グラーフの手で、約三〇〇〇枚作製された。それは二月一二日のことで、その一部はフーバーにもらった学生名簿から抜き出したミュンヘンのアドレスに、郵便で送られた。また一部は、一六日、一七日の夜遅く、市内の諸処の電話ボックスや駐車している車に貼られた。

挫折の問題

ショル兄妹の行動

いったいどうしたというのであろう？　一九四三年二月一八日、ショル兄妹はどうして突然、同志の誰にも知らせず、白昼に大学の建物の中でビラを大量に撒くなどという、それまで試みたことのない思い切った行動に出たのであろう？　二人を知る人たちから、さまざまの推測が行われている。突然の思いつきなのか。あるいは軽率につながる高揚した気分からなのか。それとも、自己犠牲という考えから出たと理解すべきなのか。いずれにせよ、この行動が組織的に計画されたものでないことだけはたしかである。

運命の日の前々日に兄妹に会った書店主ゼーンゲンの回想は、この問題を考える手がかりになろう。その日ハンスは、ビラを大学で撒くつもりだと言い、ゼーンゲンに止められた。しかしハンスは、自分はゲシュタポに追われており、逮捕が間近だということを知らされている。その前にアクティヴな行動に出なければならない、とかなり興奮した様子で言った。それでゼーンゲンは、あれは他の人々の怠惰な心を衝き動かそうとするハンスの最後の絶望的な行為だったと推論する。

同じ日の夜に、ウルムの画家ガイヤーがアトリエの鍵をとりに兄妹の住居に行った。鍵のかかっていないドアをあけると、暗い廊下に兄妹がぴったり身を寄せ合って立っていた。そしてゾフィーが、「あら、ガイヤーさんだったのね」と言った。まるでゲシュタポの来訪を待っていたかのような光景である。それから三人で食事をしたときに、ハンスが希望に満ちて未来を語ったのに反し、ゾフィーは「たくさんの人が現体制のために倒れているのよ。もう、だれかが体制に反対して倒れるときだわ」と、沈鬱な面持ちで言っている。

逮捕が近かったとまで言えるかどうかは分からないが、ウルムのゲシュタポが彼を追いつめていたことは事実であったらしい。そうとすれば、ハンスとしては、よりパッシヴな抵抗に退いてドイツの敗戦を待つ、ないしは自分が身を引いて抵抗運動とそのグループの温存をはかる、あるいは、それが意味のあることだったら、危険は承知で思い切った行動に出る、という選択しかなかった。そして彼は、それに意味があると考えたようである。性格的に、長期間にわたって非合法活動を行うよりは、公然たる最後的な態度を好むというところがあったし、自己犠牲によって時代の誤りを正すという理想主義的な青年運動の伝統が影響してもいたであろう。スターリングラードの敗戦によって第三帝国の終末が近づいたという思いを強め、ドイツ博物館での騒乱も手伝って、ここで思い切った行動に出れば何かを衝き動かせる、と信じたのではないかと思われる。しかし、獄中でのゾフィーの期待、「私たちの行動で何千もの人が心をゆすぶられ、目をさますのだったら、私の死など何でしょう？　学生たちの間にきっと反乱が起こるわ」という期待は空しかった。学生たちは彼らが逮捕されるのをなすところなく傍観したばかりか、二月二五日に大学の講堂で行われた集会で、ショルたちの悪罵を聞かされた数百の学生は、「歓声をあげ、足を踏み鳴らして、権力の手先となった大学の用務員に喝采を送りさえしたのである。〈反乱〉どころではなかった。学生たちが〈白バラ〉の劇的な最期によって、ねばり強い非合法によるよりも強く心を動かされるだろうという兄妹の期待は過大だったし、ナチ体制の終末もまだ予期したほど近い未来のことではなかった。緊張の連続で神経過敏になっていたショルたちは、突然、行動を起こすべき時がきたと信じ、自分と同志を罪におとすことになる証拠（たとえばプロープストの書いたビラの草稿）を湮滅《いんめつ》することをせずに、まっすぐ大学へ向かって歩いて行ったのではないか。

抵抗運動の挫折なのか

C・ペトリはその著『処刑される学生たち』の本文を次のような文章で結ぶ。

「ハンス＝ショルとゾフィー＝ショル、プロープスト、シュモレル、フーバー、グラーフ、ライペルトらは、彼らの時代に対して、人格的、道徳的高潔を表す最高の標識を打ち立てた。しかしそのモラルが高かっただけに、政治的な効果を持ち得なかったことはますますわれわれの心を痛ましめる。道徳的な行為としての白バラを、われわれの歴史からもはや消し去ることはできない」。

ペトリは〈白バラ〉を、その著の副題にあるように〈挫折〉、市民階級のキリスト教的、理想主義的伝統のうちに育った青年たちが、政治への道を見出そうとした試みの挫折と捉えているが、『白バラ対鉤十字』の著者ヤーンケは、「グループの行動は」ペトリの言うように「〈非政治的〉、〈自発的〉でもなければ、〈純真と軽率〉によって規定されていたのでもなくて、ドイツ国民の今後の運命に対する政治的責任に規定された」ものだと考える。そしてペトリが詳細に追求する二月一八日の行動の動機には触れることをせず、〈それでも彼らの精神は生きつづける〉という一章を設けて、かなりくわしく〈白バラ〉抵抗運動の波及と影響と成果について述べる。有力な抵抗運動グループの一つ、クライザウ-サークルの指導者モルトケの手に〈白バラ〉のビラが渡り、モルトケはそれをノルウェー、スウェーデンに持って行って、そこからさらにイギリスへ送らせたことと、スイス領事館の職員の手を借りて最後のビラとライペルトの報告が国外へ持ち出されたことはペトリも述べているが、ヤーンケはさらに、その結果数週間後にスイス、ソ連、イギリス各国のラジオ放送を通じて全世界に情報が流され、イギリス空軍機が特に西部ドイツの工業地帯に、複写したビラを何千枚も散布したことをつけ加え、ほかになお、強制収容所の囚人が事件を知って感銘を受けたこと、ソ連領内に設立された国民委員会〈自由ドイツ〉の活動にも影響を及ぼし、バイエルンの収容所に入っていたソ連の捕虜と強制労働者に反響を見出したこと、反ナチの言動で捕らえられたフランクフルトの学生のことにまで言及する。こういうことは多く、〈彼らの精神が生きつづけている〉のを証明するために述べられている観があり、確たる資料の裏づけに乏しいうらみなしとしない。たとえばベルリンのアンチファシストたちが感銘して、資料をスウェーデン大使館と国際赤十字に持ち込んだという記述にしても、持ち込むことに〈決めた〉と書かれていて、実行されたのかどうかは判然としない。

ヤーンケはまた、旧東独の歴史家にふさわしく、〈白バラ〉と労働者階級との関係を問題にする。労働者階級については第五番目のビラに、「労働者階級は理性的社会主義によって最低の奴隷状態から解放されなければならない」と書かれているだけなのに、その関係を重視するヤーンケは、「絶えず探求する者として、彼らは労働運動に基盤を持つ、組織された抵抗運動との最初のコンタクトの道を開き、ソビエトにおける新しい社会秩序について、部分的に反共から解放されたイメージをつかむことに成功した」と書く。しかし、連帯の道を探りながら、ハンブルクを除いて他大学との連係さえ思うようにならなかった〈白バラ〉グループに、労働者との共闘はなお遠い目標であった。「特にハンス＝ショルの影響の下で、彼らの活動がインテリと市民階級のサークルに制限されたままであってはならず、一般大衆、とりわけ労働者に向けられるべきだという見解が強まった」ことはたしかであろう。しかしヤーンケはすぐこのあとにつづけて、「しかしこのことは、学生たちにとって容易ではなかった。なぜなら彼らはこのときまで、組織された反ファシズムの抵抗運動のサークルと連絡がなかったからである」と書くのである。

ペトリにしても、先に引用したように、「道徳的な行為としての白バラを、われわれの歴史からもはや消し去ることはできない」とし、その精神が生きていることを否定するものではないが、同時に「そのモラルが高かっただけに、政治的な効果を持ち得なかったことはますますわれわれの心を痛ましめる」、すなわち、「政治への道を見出そうとした試みの挫折」と考えているのに対し、ヤーンケはその〈非政治的〉、〈挫折〉という考えかたに反発する。すなわち、彼らの精神が今日まで生きているばかりではなく、彼らの切り開いた反ファシズムの、政治的な道も今日まで絶えることなくつづいている、というのである。『白バラ対鉤十字』の本文はトーマス＝マンの、「まだドイツとヨーロッパを夜の闇が覆っていたときに、きみたちは、新たに自由と名誉を信ずる心が明け始めることを知って告知する」という言葉で終わるが、その前に置かれた、「学生たちが〈純真〉で〈合理的思考ができない〉、彼らの活動が〈挫折した〉とされるのはゆえなしとしない。ショル兄妹とその友人たちによって一九四三年になされた決断は、その当時、ドイツにおける帝国主義的権力者たちにとって危険であったし、今日また、西ドイツにおける旧体制復活を目ざす諸勢力にとっても危険である。それゆえに、多くの人がミュンヘンの大学生の例にならうような事態はあらゆる手段を尽くして防がなければならない。しかし歴史的な経験は、そういう努力が挫折の運命を担っていることを証明している」という著者の結語（一九六九年）は彼の立場の要約と言え、よかれあしかれ、そこに旧東独の歴史家らしさをうかがうことができるように思う。

運命の日、一九四三年二月一八日

ショル兄妹とプロープスト

木曜日のこの日は晴れて暖かく、春の訪れも遠くないことを思わせた。午前一〇時ごろ、ハンスとゾフィーのショル兄妹は、フランツ＝ヨーゼフ通り一三番地の住居を出た。レオポルト通りを下って大学に向かう二人の姿に、何も変わったところは認められなかった。強いていえば、ハンスの手に重そうな旅行かばんがあったことくらいであろう。その中には、郵送その他の手段で配布した、抵抗を呼びかけるビラの残り、一八〇〇枚が入っていた。一〇時一五分から一一時までの講義が終わる前の数分を利用して、ビラを学内に撒くつもりだった。しかしそのとき、まったく偶然にトラウテ＝ラフレンツとヴィリー＝グラーフの二人が兄妹の姿を見た。二人は、離れたところにあって市電を利用しなければならない神経科病院で行われる一一時一五分からの講義に出るために、まだ講義が終わらないうちに教室から出てきたのである。ショル兄妹がどういう行動に出るつもりなのか、トラウテはもちろん、ヴィリーも知らされてはいなかった。トラウテ＝ラフレンツは報告する。

「ヴィリーと私は、フーバー教授の講義の終わる一〇分前に教室を出た。病院の神経科に行くのに、どうにか間に合わせようと思ってのことである。ガラスのドアのところで、旅行かばんを持って歩いてくるハンスとゾフィーに会った。私たちはいそいでいたので、ちょっと立ち話をしただけで、午後にまた会おうと約束して別れた。市電に乗ってから、私は気味が悪くなってきた。あの二人は、講義の終わる五分前に、大学で何をしようというのかしら？　ヴィリーは両肩をぴくりと動かした。彼もやはり不安だったのだ」

病院の講義に出ていても、グラーフの不安はなおつづき、いつもはきまってうとうとし始めるのに、この日に限って落ち着きなくあちらへこちらへと体をずらしていたという。

その間にハンスとゾフィーは、採光吹き抜けのホールの階段と窓のふちに大部分のビラを撒いて、すぐに外の道路に出た。しかし、残っていたビラも全部撒いてしまわなければと思ってとって返し、残りをホールの上階から下へ投げ落とした。

そのときに、講義室のドアが開いたものと思われる。現場にいた女子学生アンネマリー＝ファルカッシュは、のちに次のように回想する。

「歴史の講義に引きつづいて、私は友だちといっしょに、四階のロマン語研究室に行こうとした。そのとき、三階から四階へあがる階段の途中で、哲学の講義のときに知っている女子学生〔ゾフィー〕に出会った。ふたのあいた空っぽの旅行かばんを持った若い男〔ハンス〕といっしょだった。それからあとは、あっという間《ま》のできごとだった。大学の用務員〔ヤーコプ＝シュミート〕が階段を駆け上がってきて、男の学生をつかまえ、〈逮捕する！〉と叫んだ。二人は全然抵抗せず、びっくりした様子も見せなかった。彼らは、旅行かばんのふたをしめ、おとなしく歩き出した。私たちがいったいなんのことだかよく分からないでいるうちに、三人はもう階段を下りて行った……」。

用務員は二人を管理人のところへ、管理人はさらに、総長のところへ連れて行った。ショル兄妹の逮捕はただちにゲシュタポに通報され、数分後に到着したゲシュタポは、大学の出入り口をすべて封鎖した。フーバーの講義でハンス＝ショルを知っていた女子学生クリスターマイヤー＝ハイトカンプは、現場証人である。彼女は報告する。

「出口はすべて封鎖された。学生たちは、玄関ホールに集まるよう指図を受けた。ビラを拾った者は誰でも、特に集め役を命じられた者にそれを渡さなければならなかった。そうやって立ったまま、私たちは、ついにハンス＝ショルとその妹が手をいましめられて私たちのそばを通って引き立てられて行くまで、待っていた。ハンスはもう一度私たちの顔を見たが、その顔は、私たちを知っていることを表すように筋肉一つ動かすことがなかった。誰か知っている学友でもいようものなら、ゲシュタポの目に疑わしいものとうつるだろうことをよく知っていたのである」。

ゲシュタポが、集めたビラを空の旅行かばんに入れてみると、ビラはぴたりかばんの中に納まった。ハンスは大学内で取り調べを受けたとき、ポケットにクリストフ＝プロープストが書いたビラの草案を入れていたのを発見され、いそいでそれを引き裂いて呑み込もうとしたが、ゲシュタポの手の方が早かった。ハンスは名前を知らない学生からもらったものだと申し立てたが、その紙片はていねいに継ぎ合わされ、あとで、彼の住居を捜索したときに発見されたプロープストの手紙と照合した結果、同一人の筆跡と確認された。

尋問された兄妹は、落ち着きはらって徹底的に否認したために、ゲシュタポも初めは、用務員のつかまえたのが、果たして本人なのかどうか、半信半疑だった。しかし、ハンスの住居を捜索した結果、ハンスが持っていたビラの草稿と照合するのに使われたクリストフ＝プロープストの数通の手紙のほかに、未使用の八ペニヒ切手が数百枚発見された。市内の各郵便局に張り込ませてあった監視人の一人から、フランツ－ヨーゼフ通りの住居とあまり離れていないルートヴィヒ通りの郵便局で若い男がたくさんの切手をいちどきに買ったことが報告されていた。証拠を突きつけられて否定できなくなった二人は、嫌疑をプロープストからそらそうと全力をあげ、ビラの作製は二人だけの責任であると強く主張した。それだけに、プロープストが逮捕されたことを知ったときの衝撃は大きかった。同じ政治犯で、ゾフィーの世話係になったエルザ＝ゲーベルの回想によれば、同志がつかまったと聞いたゾフィーは、それはシュモレルだと思った。

「しかし、私があなた〔ゾフィー〕にクリステルの名を告げると、あなたの顔つきは愕然となりました。あなたが度を失ったのを、私は初めて見ました。親しい、誠実な友人クリステル、三人の小さな子どもの父、家族がいればこそ深くかかわらなかったこの人が、この最初のビラゆえにともども渦に巻き込まれてしまったのです。でも、あなたはまた気を取り直しました。クリステルにはせいぜい自由刑しか科すことはできないと」。

しかしこの考えが甘かったことは、それから何日もたたないうちに判明する。プロープストはショル兄妹と共に極刑を科されるのである。

ハンスとゾフィーは毅然たる態度を保持し、非合法活動の目標については、ドイツがもっと大きな不幸におちいるのを防いで、何十万というドイツの兵士と国民の命を救うことに自分たちなりに寄与できるのではないかということしか念頭になかったと、尋問にあたったゲシュタポの係官ローベルト＝モールに述べている。そしてその理由は、一つの大きな民族の幸、不幸がかかっている場合には、どんな手段を用い、どんな犠牲を払っても悔いるところはないからだ、と。

ハンスとゾフィーを切り離して、ゾフィーを、兄に引きずられて軽率な行動に走ったナイーヴな女の子に仕立てあげようとするモールの試みは成功しなかった。それは彼の好意から出たもので、エルザ＝ゲーベルの回想によれば、「彼が〈ショルさん、あなたがこういうこと〔彼が長々と説いたナチズムの意義、指導者原理、ドイツの名誉など〕を全部、よく考えていたら、ああいう行動に引きずり込まれはしなかったでしょうね？〉と尋ねたのは、ひょっとしたらあなたにまだ一つのチャンスを与えるつもりだったのではないかと思います」ということである。しかし、彼女の答えはきっぱりとしたものであった。「あなたがたの思い違いです。私はできるようになれば、すべてをもう一度まったく同じようにやってみるでしょう」。

ハンスについては、このモールは次のように述べている。

「同僚のマーラーはそのころ、私に大要次のように言った。〈ぼくはこれまで、ハンス＝ショルの内にひそんでいるような、こんな力強いかたちの知性に出会ったことがほとんどない。こういう事情では彼のために何もしてやれないのが残念だよ。〉マーラーが私を信用して、われわれはたぶん、将来ああいう〈民衆指導者〉を必要とするのではないかと言ったのを記憶しているように思う。彼はそれにつづけて、こういう人たちが死ななければならないのはおそろしいことだ、と言った」

モール自身もこの意見に賛成だったであろう。兄妹の態度はゲシュタポ（もちろん少数ではあろうが）にさえ感銘を与えたのである。


クリストフ＝プロープストはハンスとゾフィーが逮捕された翌日の二月一九日、金曜日に、何も知らず週給を受け取りにインスブルック学生中隊の事務室に行ったところを逮捕された。そしてただちにミュンヘンのヴィッテルスバハーパレに送られた。そこで彼は、ハンスが持っていて破り捨てようとしたビラの草案を突きつけられて、自分が書いたものだということを認めないわけにはいかなかった。しかしハンスとゾフィーが、ビラの行動は自分たちだけのものだと主張し、さらに、ハンスはクリストフの書いた草案は自分あての個人的な政治的意見の表明だと言明したので、ゲシュタポもそれ以上突っ込んでプロープストの罪過を立証することはできなかった。そのためにプロープストは、自由刑ですむのではないかという希望を抱いたようである。実際、グループの人たちは、唯一の妻帯者、子持ちである彼を、できるだけ危険な目に会わすまいとして（また、彼が一人離れてインスブルックにいたせいもある）、彼を直接の非合法行動からはずすようにしてもいた。「二日後、彼はこの草案を書いたという罪で死刑を宣告された。そのほかには、彼を罪におとすものは何もなかった」（C・ペトリ）。

ショル兄妹とクリストフ＝プロープストの三人が逮捕されて四日後の二月二二日一〇時、早くも民族裁判所の法廷で公判が開かれた。指揮するのは民族裁判所長官のローラント＝フライスラーで、彼はそのためにベルリンから飛行機で飛んできた。スターリングラードの敗戦以後、国民の気分が明らかに変わり始めた事態に直面して、ナチの指導部は、芽吹く抵抗運動にはたとい小さなものでもただちに、最も過酷な手段で対処する必要があると考えたのである。三人は、「国の憲法を暴力を以て変えようとする国家反逆の計画を準備した」、「戦時中にわが国の利益に反して敵勢力を援助し、わが国の戦争能力を低下させようとする企てを国内において行った」、「ドイツ民族が防衛の立場に立って自己主張しようとする意志を失わせ、破壊しようとして、公然たる活動を行った」という事実によって起訴された。審理はほとんど長官フライスラーの独壇場であった。

「荒れ狂い、どなり、裏声になるまでにわめき散らし、繰り返し爆発的にはね上がって」、と傍聴していた司法修習生レオ＝ザンベルガーはのちに報告している。「審理の間じゅう、ただ原告としてのみ振舞い、裁判官の態度は見せなかった」フライスラーは、「被告の勇気ある行為を感嘆に値する立派なものと思った人たちすべての感情をおさえつけるために、長きにわたって広範囲の影響を及ぼすテロ的な恐怖を植えつける」ことばかりを念頭に置いていた。彼は被告を罵り、嘲って、その言葉をさえぎったが、ハンスとゾフィーのショル兄妹、クリストフ＝プローブストも負けてはいなかった。ハンスは妹に、「これはまったくのサル芝居だな」と言い、ゾフィーはビラ行動について、「結局は誰かが始めなければならないのです」と言って、さらに、「私たちが言ったり書いたりしたことは、多くの人たちが考えていることです。ただ、そういう人たちはあえてそれを口に出さないだけなのです」とつけ加えた。フライスラーの審理の進めかたは、もうとうに判決は決まっているのではないかと思わせた。ゾフィーは彼に向かって叫んだ。「私たちの首は今日落ちますけど、あなたがたのもあとからつづいて落ちるのですよ」。

ついでに書いておくと、フライスラーにとって幸いなことに、彼は戦後まで生き延びることなく、一九四五年二月三日、これも国家反逆罪裁判の裁判長を務めていたとき、連合軍の爆撃にあって爆死した。

国選の弁護士はまったく被告の弁護をしないどころか、恥ずべきこのような行為を人間がどうして行うことができるのか、まったく理解できない、とさえ断言した。

一時半まで行われた審理のあと、ハンス＝ショル、ゾフィー＝ショル、クリストフ＝プロープストの三人に、「被告は戦時にビラにより、軍需のサボタージュと、わが国民の国民社会主義的生活形式の破壊とを呼びかけ、敗北主義的思想を宣伝し、総統に卑劣きわまる誹謗を行い、そのことによって帝国の敵を利し、われらの防衛力を解体した。彼らはそれゆえ死刑に処せられる」と、宣告が下された。そして三人は、ミュンヘン―シュターデルハイム執行刑務所に送られて、その日の午後五時に刑を執行された。

死刑を宣告されながら、そのあとの学生たちの落ち着いた立派な挙措《きょそ》はよく知られるところである。ショル兄妹は両親と会うことができ、別れを告げて静かに去っていったが、プロープストは家族の誰にも会うことができなかった。わずかな時間のうちに思いもかけない不運に見舞われながら、それを自分の運命と受け止めて対処することができたのは、立派というほかはない。彼自身は知らず、知っていたら止めたであろう友人たちの行為のために、彼は死に追いやられたのである。姉アンゲリーカにあてた最後の手紙に、「死がこんなに容易なものだとは知らなかった」と、彼は書いている。

シュモレル

アレクサンダー＝シュモレルは、偶然、大学の前でショル兄妹がゲシュタポに連行されるところを目撃した。あとから両親の家に電話してみると、すでにゲシュタポがきていることをほのめかされた。それで逃走を企て、ひとまず女友だちのリーロ＝ラムドールのもとに逃げ込んだ。彼が翌朝点呼に出てこなかったとき、ゲシュタポは捜索を開始した。逮捕されたハンス＝ショルの友人であるアレクサンダー＝シュモレルとヴィリー＝グラーフに対して、すでに学生中隊に捜査の手が入っていたのである。グラーフは二月一八日、一日じゅう病院にいて何も知らず、その夜住居に帰ったところを妹アンネリーゼと共に逮捕された。そして、逃走していたアレックスには一〇〇〇マルクの懸賞金がかけられ、写真入りの指名手配書が新聞に掲載された。

その間に、ユルゲン＝ヴィッテンシュタイン、フーベルト＝フルトヴェングラー、ヴォルフ＝イェーガーら、戦友たちの非合法活動を知ってはいたが、それに加わることはなかった学生たちにも尋問が行われた。しかしゲシュタポの介入をきらう国防軍のことであるから、学生中隊の隊長は、ハンス＝ショルら自分の部下が事前の了解なしに逮捕されたことに立腹して厳重な抗議を申し込み、ヴィッテンシュタインら三名が抵抗運動に加わっていた疑いが濃厚であると通告されると、その尋問に立ち会いを要求した。そして、学生中隊の中にいる該当者の範囲をできるだけ狭めるよう公然と骨折った。そのために、学生中隊の中から、ショル、シュモレル、グラーフ以外の逮捕者は出なかった。

アレックスをかくまったリーロは、前の年の秋から学生たちの非合法活動を支援してくれていた。印刷用資材を入手するための資金を出してくれたし、紙や刷り上がったビラを自宅に置いてもくれた。彼女は知人のロシア人から旅券を手にいれて、アレックスのために偽造してやり、アレックスはそれを持ってインスブルックに行った。そしてそこから、ミュンヘンにいる知り合いのウクライナ人の女性に電話して、彼女の知っているインスブルック近辺のロシア人捕虜収容所のロシア人代表に紹介してもらい、そこにもぐり込もうとした。ところが手違いで彼女に会うことができなかったので、さらにミッテンヴァルトまで落ちのび、ホテルを兼ねる保養施設エルマウ館のロシア人御者にかくまってもらったものの、密告された。警官が二人、調べにきたが、ロシア人名前の旅券をほんものと判定してアレックスを釈放した。しかしもうそこにはいられなくなり、山を越えてスイスに逃げようとしたが、吹雪のために計画を放棄してミュンヘンに戻った。そして、二月二四日の晩、女性の学友を訪ね、空襲警報が出たために防空壕に入った。この日、新聞にあらためて写真入りの手配書がのせられたので、不安になった女友だちがほかの女たちに打ち明け、彼女たちのすすめに従ってゲシュタポに通報した。

クルト＝フーバーは二月二七日に逮捕され、それから数週間のうちに女子学生のトラウテ＝ラフレンツ、カタリーナ＝シュッデコップ、ギーゼラ＝シェルトリング、さらにウルムのズザンネとハンスのヒルツェル姉弟、フランツ＝ミュラー、ハインリヒ＝グーター、シュトゥットガルトのオイゲン＝グリミンガー、フライブルクのハインリヒ＝ボリンガーとヘルムート＝バウアー、そしてケムニッツのファルク＝ハルナックがつづいて逮捕された。リーロ＝ラムドールもいったん逮捕されたがすぐに釈放された。すでに逮捕されていたヴィリー＝グラーフ、アレクサンダー＝シュモレルをふくむ他の全員は四月八日、〈国家反逆準備、利敵行為、防衛力破壊〉のかどで起訴され、シヨルとシュモレルの家族は共同責任を問われた。フーバー夫人クララ、ヴィリーの妹アンネリーゼ＝グラーフも同様である。

再び公判

四月一九日、再びフライスラーの指揮する民族裁判所の法廷で、〈白バラ〉に対する第二回目の審理が行われた。九時に始められた審理は、延々一四時間つづけられる。被告の一人カタリーナ＝シュッデコップの報告を聞こう。

「審理はフライスラーのただ一つの独白によってゆっくりと進んで行った。被告への質問に、彼はたいてい自分で答えた。彼の強みはわめき声で圧倒することにあり、納得させることにはなかった。国家反逆！　国家反逆！　国家反逆！　アリストテレスの『論理学』とプラトンの『国家』からの引用文を党の定式に反して使うことが〈国家反逆〉なのだった。ビラを読むことが〈国家反逆の幇助〉、ビラを他の人に回すのも〈国家反逆〉。ラジオの外国放送を聞くことは〈利敵行為〉。まだ判決が言い渡されない前から、もう結果は明らかだった。ゲシュタポの係官は、最後の審問が終わったあとで私に、おまえは〈髪を剃られ〉、〈首を小脇にかかえて〉家に帰ることになると言いはしなかったか。フライスラーと比べると、主要な被告のはずの三人、シュモレル、フーバー、グラーフが妙に静かな、冷静な、礼儀正しい印象を与えた」。

第一回とは違って、このときは被告全員が弁明を試みた。フーバーのかなり長い弁論と最終陳述は全文、C・ペトリの『処刑される学生たち』巻末の〈資料集〉に収められているが、他の人たちの弁論については、詳細が分からない。ペトリの著書の本文にある「ゲシュタポの尋問のときからすでに、シュモレルは、ビラを書くにあたっては〈それによってドイツの戦力を不利にしようという考えはなかった〉と断言し、グラーフは、〈自分から思い立ってやったのではなく、ショルに影響され、人がよかったばかりに巻き込まれた。容易につぐなうことのできない過ちを犯したということは分かっている〉と述べていた」という引用や、これも前記〈資料集〉にある民族裁判所の〈判決理由〉の「シュモレルは母親がロシア人であったがゆえに、自己弁解のため、自分は半ロシア人で、ドイツ人とロシア人を何とか結び合わせたいと思ったのだ、とばかげたことを述べている」、「グラーフは少なくとも、公判の最後に、自分の犯罪に対しては弁解の言葉もないと言い切る勇気を持った」などから推察するほかはない。

フーバーは公判における最終陳述の終わり近くに、強い調子で「私はわがドイツ民族のために、自由を返すことを要求する。われわれは奴隷のくさりにつながれて、短い生涯を生きて行くことを欲しない。たといそれが物質的な黄金のくさりであっても」と述べている。この要求だけを見て、フーバーの弁明の全体を推してはならないであろう。すぐその前に、「真のゲルマン的指導者国家へ帰れという私の勧告が現時の最高の掟であって……私はこの勧告、真にゲルマン的な指導者国家へ復帰してほしいというこの切なる願いのために生命を賭ける」という言葉が置かれているのだ。この〈指導者国家〉は、すでにハンス゠ショルとの話し合いのくだりでも出てくる。「〔フーバーとハンスは〕合法的な指導者国家への復帰を個々にどう考えるかという問題を……詳細に論じ合った」。そして「古い議会主義的民主制を拒否することで……意見が一致した」と。フーバーの論を要約すれば、ナチが左旋回しボルシェヴィズム化して、その指導者国家が〈真にゲルマン的〉でも〈合法的〉でもなくなったのはここ一〇年、つまり一九三三年以後のことになる。そして、その主張は、公判での弁論において何度も繰り返される。

「われわれは、党が一〇年前に出したときにはなお正当であったさまざまの要求に、一つ一つ戻っていくであろう。それらの要求は、この一〇年間に実現されなかったばかりではなく、その対極に転倒されてしまった」。

「スターリングラードの全責任がヒトラーにあることは歴史が確認するであろうし、今日の党教育によって青少年の道徳破壊が行われているという主張を、私はどこまでも支持する。……党はその活動の一〇年間に、成長するドイツ青少年の自由と道義的な自立とをあますところなく打ち砕き、全教育組織をボルシェヴィズム化した」。

ボルシェヴィズム化は左旋回と同義である。
「シュモレル家で私は、ナチ党がますます左へ旋回しつつあると強調した。ここ一〇年間の私のように、党内の精神的な動きを詳細に綿密に跡づけ観察してきた愛国者ならば、この左旋回運動を真剣に論駁することはできないはずである。この左旋回運動に私がかねてから気づいていて、しじゅうこのコースの阻止を考えていたという事実……。私にはまた、この左旋回コースの阻止が現時の最高の掟であることもはっきり分かっていた」（最終陳述の冒頭）。

ナチズムがボルシェヴィズム化したというのは奇妙に聞こえるが、これは全体主義、一党独裁を両者に共通と見る立場に立ってのことであろう。フーバーは反ナチであると共に、根っからの反ソ、反共主義者だったのだ。彼の書いた第六号のビラ、〈男子学友諸君！　女子学友諸君！〉には、第五号のビラに書かれていた「諸君の五体にボルシェヴィキに対する恐怖を叩き込んだナチの宣伝を信じてはならない」、つまり、ボルシェヴィキを恐れることはない、というような表現を見ることはできない。それに代わって最終陳述には次の文章が見出される。

「進行しつつあるドイツの国家と民族のボルシェヴィズム化を、許されるあらゆる手段を用いて阻止しないかぎり、いくら反ボルシェヴィズムをジャーナリズムで宣伝してみても、その宣伝は根本において偽りである」。

両者は、ナチが反ボルシェヴィズムの宣伝をしているという事実の認識では同じであるが、フーバーの言葉はやはり、ナチのボルシェヴィズム化という考えかたの上に立ってのものである。

そしてこのボルシェヴィズム化、左旋回を阻止するために残されていたのは、「ただ、率直に公然と異議を唱えるという手段のみであった。それは抗議という手段であって、抵抗という手段ではない。ドイツ国民として、ドイツの大学教師として、そしてまた政治的な人間として、私はドイツの運命の政治的形成に協力し、誰の目にも明らかな障害を摘発してこれを克服することを、単に権利としてのみではなく、道徳的な義務と見なすものである。……私が目的としたのは、学生諸サークルを目覚めさせることであったが、その手段は組織ではなくて率直な言葉であった。その目標は何らかの暴力的行動ではなくて、政治的生活に現存する重大な障害を道義的に認識させることであった。明確な道義的諸原則へ、法治国家へ、人間相互の信頼への復帰、これは非合法ではなく、逆に合法性の回復である」。

これらの口述をふくむかなり長い弁論の中にどの程度彼の法廷戦術が織り込まれていたかは、かならずしも明瞭ではない。その「大部分は、ナチの裁判官の耳にこころよく響くように考えられた」もので、「きわめて明確で率直で批判的な彼の文章は、たいてい切れぎれではなく、戦術的な理由からはっきりと枠の中に入れられ、いわば同質療法的なやりかたで少しずつナチ主義者たちに差し出され」たと、ペトリは書く。しかしフライスラーは、「戦時に、軍需産業のサボタージュ及びわが民族の国民社会主義的生活形式の倒壊をビラによって呼びかけ、敗戦思想を宣伝し、総統を口ぎたなく罵り、それによって敵を利し、わが国の防衛力を破壊した」という理由を以て、フーバーのほかにアレクサンダー＝シュモレル、ヴィリー＝グラーフの二名に死刑を宣告した。

そして、抵抗運動に資金援助をしたオイゲン＝グリミンガーは一〇年の、グラーフを支援したハインツ＝ボリンガーとヘルトムート＝バウアーは七年の懲役刑、ウルムのギムナジウム生徒ハンス＝ヒルツェルとフランツ＝ミュラーは五年、その友人ハインリヒ＝グーターは一年六箇月、女子学生のギーゼラ＝シュルトリング、カタリーナ＝シュッデコップ、トラウテ＝ラフレンツはそれぞれ一年、ハンスの姉ズザンネ＝ヒルツェルは六箇月の禁錮刑を宣告され、起訴された被告の中でただ一人ファルク＝ハルナックが無罪となった。

グラーフとシュモレルの特赦願はヒトラーに却下され、フーバーの場合は司法大臣が特赦願を受け付けなかったため、死刑が確定し、執行の日は七月一三日と定められた。そのときまでの被告の態度は、有効な弁論をしようと試みた点でショル兄妹と違ってはいたが、刑が確定すると、彼らはそれを平静に受け入れた。グラーフはカトリックの青年会に友人が多かったので、運動の関係者の名前を聞き出すために刑の執行が延期され、一〇月一二日まで苦しい日々を送らなければならなかった。しかし彼は、最後まで屈しなかった。

マリオ＝クレープスによれば、ファルク＝ハルナックはゲシュタポと民族裁判所との取り引きで無罪となり、監視がつけられた。他の抵抗グループとの関係を探り出そうとしてのことである。しかしハルナックはその意図を察知して、抵抗派との接触を一切避けた。八箇月後、ギリシャに駐屯していたとき、収容所に入れて殺せという命令が出されたが、彼は上官の警告を受けて脱走し、地下にもぐった、という。

書店主ヨーゼフ＝ゼーンゲン、アトリエの持主マンフレート＝アイケマイヤー、ウルムの画家ヴィルヘルム＝ガイヤー、クリストフ＝プロープストの岳父ハーラルト＝ドールンらに対する公判は、民族裁判所ではなく、ミュンヘンI地方裁判所で行われ、六箇月の禁錮を言い渡されたゼーンゲン以外は証拠不十分で無罪になった。民族裁判所でだったら、とうていこの程度ではすまなかったであろう。裁判官はこの公判を、あまり世間に反響を起こさないような形で片づけることに努めたようである。

ハンブルク-グループ

ハンブルクの抵抗グループにも、ゲシュタポの手が伸びた。ハンブルク大学でインド学を学ぶハインツ＝クハルスキーとグレータ＝ローテを中心とするこのグループは、トラウテ＝ラフレンツを通じて〈白バラ〉とつながりを持っていた。しかし、ミュンヘンとの連絡のために、もう一人重要な人物が登場する。ハンブルクのサークルに属していて、一九四二年の冬学期にミュンヘン大学の化学研究所にやってきた化学専攻のハンス＝ライペルトがその人だが、彼はトラウテを知らず、従ってもちろん〈白バラ〉グループに属してもいなかった。しかし、ドイツ博物館での騒乱や、〈白バラ〉グループの逮捕と処刑に感銘と衝撃を受け、フーバー夫人のために募金活動をし、フーバーの執筆した最後のビラを複写してハンブルクに持って行った。そして、自分でもビラを配ると共に仲間を励まして抵抗運動を盛り上げようとしたが、ゲシュタポのスパイに通報されて、一九四三年一〇月八日に逮捕された。民族裁判所によるその公判は、一九四四年一〇月一三日に、ミュンヘンに代わる小都市ドーナウヴェールトで開かれた。〈白バラ〉の後継者が現れたことを、ミュンヘン市民の耳目から遠ざけておこうという配慮が働いたものと見られる。ライペルトは死刑を宣告され、一九四五年一月二九日にミュンヘン＝シュターデルハイムで処刑されたが、一九四五年四月一七日にハンブルクで同じく死刑を宣告されたクハルスキーは、処刑場へ護送される途中、イギリス空軍機による機銃掃射の機会をとらえて逃亡に成功した。ミュンヘンの〈白バラ〉グループのような、メンバーの間の緊密な協力も篤い友情も見られないハンブルクのグループも、こうして一九四三年一二月二〇日までに三〇人以上の逮捕者を出してほぼ壊滅した。

あとがき

日本語の〈白バラ〉文献は、これまでのところ、論文あるいは著書の中の一部分を除けばドイツ語からの翻訳が大部分で、初めから日本語で書かれるのは、山下公子著『ミュンヒェンの白いバラ』(一九八八年、筑摩書房)に次いでこの書がおそらく二番目になる。それらの翻訳にしても、白バラ抵抗運動の全般を扱っているものはやはり数少なく、インゲ＝ショルの『白薔薇は散らず』のあとは、C・ペトリの『白バラ抵抗運動の記録』だけになろう。『権力と良心』はヴィリー＝グラーフ中心、比較的最近のH・フィンケ著『ゾフィー21歳』は、題名の示す通りゾフィー＝ショル中心、『白バラの声』はショル兄妹の手紙と手記で、『白薔薇は散らず』も、そういえばショル兄妹中心と言ってよい。

私事になるが、今度〈白バラ〉全体をまとめることになって、各種の文献を読み、グループの思想と行動を追っていると、私はかつて『白バラ抵抗運動の記録』を訳していたときと同じ、いや、さらに強い感動に襲われ、心ゆすぶられるのを覚えた。ギロチンによる若人たちの無残な最期がとりわけその思いを誘うのであろう。

なお、ペトリの著書を翻訳したあと、〈白バラ〉研究のその後の動向を追究することを怠っていた私に、資料その他の点で種々御配慮下さった石浜昌宏氏と木村直司氏、それに、この企画に推薦して下さった岩渕達治氏に心からお礼を申し上げたい。


右の稿を書き終えたのは一九九三年一月、〈白バラ〉の五〇周年記念日を迎える一箇月ほど前のことであった。そのあと、二月一五日に、ヴァイツゼッカー大統領（当時）が、ミュンヘン大学における〈白バラ〉記念の催しに際して短い、しかし格調高い演説を行った。

「心にまとう無関心のマントを破り捨てよ。手遅れにならないうちに決断せよ。」と、〈白バラ〉のビラからの引用で始められたその演説は、独裁に対する抵抗運動としての〈白バラ〉を高く評価する。いつの時代も—特にわれわれの時代は—自分がこの言葉の受取人であることを認めるのであるし、われわれはいつも新たに、心の中に白バラの合図にこたえるエコーを感ずる、と述べてから、彼は次のように説く。

今この集まりが、公的な回想と連帯の儀式であってはならない。〈白バラ〉のグループは、専門の現代史家だけではなく、若い者にも年輩者にも深くかかわっているのだ。多くの人が自分たちにならって立ち上がるだろう、と考えた学生たちの期待は空しかった。そのため、彼らの運命は挫折と見なされ、一八四八年の三月革命が挫折したのちに政治的な推進力を失った市民層の非政治的態度の継続と考えられた。しかし彼らの抵抗は、悪に対する反論を通じての対立存在であった。そのどこが、非政治的なのか。ナチ支配に対し、権力手段を用いずに行う抵抗運動には、短期間に実現の可能なチャンスはなかった。その点で一九四四年七月二〇日のヒトラー暗殺事件とは違うのだが、どうして、これが政治的で、〈白バラ〉が非政治的ということになるのだろうか。

〈白バラ〉の抵抗運動を挫折ととらえる人たちと、ヴァイツゼッカーとでは、〈政治的〉についての考え方が違う。たしかに学生たちの運動は〈現実政治〉ではなかった。しかし、それは政治、いや政治以上のものであった。マキャヴェリに遡る伝統との断絶だったのだ、と前大統領は考える。「彼らの抵抗は挫折ではなく、希望と警告のしるしであって、それらは彼らの時代を越えてその先を指し示す…」と、彼はその演説を締めくくる。

〈白バラ〉年譜

西暦	〈白バラ〉関連事項	一般ドイツ史
一八九三	クルト＝フーバー生まれる。	
一九一四		七月、第一次世界大戦始まる。
一九一七	アレクサンダー＝シュモレル生まれる。	
一九一八	ハンス＝ショル、ヴィリー＝グラーフ生まれる。	一一月、第一次世界大戦終わる。
一九一九	クリストフ＝プロープスト生まれる。	六月、ヴェルサイユ条約調印。
一九二一	ショル兄妹の父ローベルト、フォルヒテンベルクの町長となる。ゾフィー＝ショル生まれる。シュモレル家、ミュンヘンに移住。	
一九二三		一一月、ヒトラーのビヤホール・プッチュ失敗。
一九二八		イタリアでファシスト党が独裁政権を確立。
一九二九	〈ドイツ青年会一一月一日〉設立。	
一九三〇	ショル家、ルートヴィヒスブルクに移住。	
一九三二	ショル家、ウルムに移住。	
一九三三		一月末、ナチが政権を握る。

		五月、焚書。
一九三四		ヒトラーが総統に就任。国防軍がヒトラーに忠誠を誓う。
一九三五		ザールラントがドイツに復帰。
一九三六	シュモレルが騎砲兵隊に入る。プロープストの父が自殺。グラーフが〈灰色会〉に入る。	
一九三七	ゾフィー、フリッツ＝ハルトナーゲルを知る。ハンスは騎兵隊に、プロープストは空軍に入り、グラーフはボン大学に進む。一一月、〈ドイツ青年会一一月一日〉にかかわって、ショル家の子女が逮捕される。	ミュンヘンで〈退廃芸術展〉。
一九三八	グラーフが〈灰色会〉での活動のために逮捕される。	ユダヤ人迫害、いわゆる〈水晶の夜〉。
一九三九	ハンス＝ショルとプロープストはミュンヘン大学に、シュモレルはハンブルク大学に進み、グラーフは軍隊に入って西部戦線に向かう。	九月、ドイツ国防軍がポーランドに侵入し、第二次世界大戦が始まる。
一九四〇	ハンスは学生中隊に入って、五月に西部戦線に向かい、九月に帰還。シュモレルも西部戦線を転戦して帰還し、ミュンヘン大学に移る。ゾフィー＝ショルはフレーベル保母養成所に。プロープスト結婚し、長男が生まれる。	六月、ドイツ軍パリに入城。
一九四一	ハンス＝ショルとトラウテ＝ラフレンツが知り合う。ゾフィー、ブルムベルクの託児所で保母を務める。グラーフ、西部	六月、ドイツ国防軍がソ連攻撃を開始。一二月、モスクワ前面

	戦線から東部戦線に回される。秋に、ハンスがカール＝ムートを知る。	でドイツ軍が敗退。太平洋戦争が始まり、ドイツ・イタリアがアメリカに宣戦。
一九四二	春にハンスがアイケマイヤーを知り、そのアトリエを利用させてもらう。プロープストがミュンヘンに戻り、グラーフは東部戦線からミュンヘンに帰還。ゾフィーもミュンヘン大学に入学。ハンスとフーバーが知り合う。六月と七月に、一号から四号までの〈白バラのビラ〉が作られ、配布される。七月二二日、アトリエで学生たちの送別会。七月二三日、ショル、シュモレル、グラーフら、学生中隊が東部戦線へ出発。八月、ローベルト＝ショルが舌禍で逮捕される。一一月六日、学生中隊がミュンヘンに帰還。一一月（?）、ハンス＝ショルとシュモレルがファルク＝ハルナックを訪問。一二月二日、プロープストがインスブルックへ去る。一二月二二日、ハルナック／シュルツェ＝ボイゼン抵抗組織の一三名が処刑される。	ロンメル戦車軍団、北アフリカで活躍。六月にトブルクを占領し、エル・アラメインに迫ったが、一一月には力尽きて退却。
一九四三	一月一三日、ドイツ博物館での騒乱。おそらくこの日に第五のビラ作製。一月二八日、ミュンヘン市内に第五のビラが撒かれる。二月三日—四日、市内の諸所に〈自由〉、〈ヒトラー打倒〉の文句が書かれる。二月九日—一一日、ファルク＝ハ	

	ルナックと〈白バラ〉グループとの話し合い。二月一二日（?）、第六のビラ作製。二月一八日、ショル兄妹、大学内でビラを撒いて逮捕。ヴィリー＝グラーフも同日夕逮捕。二月一九日、クリストフ＝プロープスト、インスブルックで逮捕。二月二二日、民族裁判所法廷でショル兄妹とプロープストに死刑が宣告され、即日刑が執行される。二月二四日にアレクサンダー＝シュモレル、同二七日にクルト＝フーバーが逮捕される。四月一九日、民族裁判所法廷で、シュモレル、フーバー、グラーフの三名に死刑宣告。七月一三日、シュモレルとフーバーの死刑執行。一〇月八日（あるいは一〇日）、ハンス＝ライペルト逮捕。一〇月一二日、グラーフの死刑執行。一一月九日、ハインツ＝クハルスキー逮捕。	二月三日、スターリングラードの敗戦が公表される。七月、連合軍がシチリアに上陸。ムッソリーニが逮捕され、バドリオ内閣が組織される。九月、イタリアが降伏。
一九四四	一〇月一三日、ドーナウヴェールトで開かれた民族裁判所法廷において、ライペルトに死刑宣告。	六月、連合軍がノルマンディーに上陸。七月二〇日、ヒトラー暗殺計画の失敗。
一九四五	一月二九日、ライペルトの死刑執行。二月三日、民族裁判所長官フライスラー、ベルリンで爆死。四月一七日、クハルスキーは死刑を宣告されたが、執行前に逃亡に成功。	二月、ヤルタ会談。四月二二日、ソ連軍ベルリンに突入。四月二八日、ムッソリーニ銃殺。四月三〇日、ヒトラー自殺。五月七日、ドイツの無条件降伏。

参考文献

Inge Scholl: Die Weiße Rose.〔1952〕Erweiterte Neuausgabe 1983.（インゲ＝ショル『白薔薇は散らず——ドイツの良心　ショル兄妹』内垣啓一訳　未来社、一九五五年）

Günther Weisenborn: Der lautlose Aufstand. Bericht über die Widerstandsbewegung des deutschen Volkes 1933-1945.〔1953〕（ギュンター＝ヴァイゼンボルン『声なき蜂起』佐藤晃一訳編　岩波書店、一九五六年）

Harry Pross: Vor und nach Hitler〔1962〕

Hans Rothfels: Die deutsche Opposition gegen Hitler.〔1956〕ハンス＝ロートフェルス『第三帝国への抵抗』片岡啓治・平井友義訳　弘文堂、一九六三年）

Klaus Vielhaber／Hubert Hanisch／Anneliese Knoop-Graf: Gewalt und Gewissen. Willi Graf und die Weiße Rose.〔1963〕（クラウス＝フィールハーバー他『権力と良心——ヴィリー＝グラーフと白バラ』中井晶夫・佐藤健生訳　未来社、一九七三年）

Christian Petry: Studenten aufs Schafott. Die Weiße Rose und ihr Scheitern.〔1968〕（C・ペトリ『白バラ抵抗運動の記録——処刑される学生たち』関楠生訳　未来社、一九七一年）

Karl-Heinz Jahnke: Weiße Rose contra Hakenkreuz. Der Widerstand der Geschwister Scholl und ihrer Freunde.〔1969〕

Richard Hanser: Deutschland zuliebe. Leben und Sterben der Geschwister Scholl. Die Geschichte der Weißen Rose.〔1980〕

Hermann Vinke: Das kurze Leben der Sophie Scholl.〔1980〕（ヘルマン＝フィンケ『ゾフィー21歳

——ヒトラーに抗した白いバラ』若林ひとみ訳　草風館、一九八二年）
Michael Verhoeven／Mario Krebs: Die Weiβe Rose. Der Widestand Münchner Studenten gegen Hitler. Informationen zum Film.〔1982〕
Hans Scholl, Sophie Scholl: Briefe und Aufzeichnungen. Herausgegeben von Inge Jens.〔1984〕（『白バラの声——ショル兄妹の手紙』山下公子訳　新曜社、一九八五年）
山下公子著『ミュンヒェンの白いバラ』（筑摩書房、一九八八年）
Harald Steffahn: Die Weiße Rose.〔1992〕
木村直司著『ドイツ精神の深求——ゲーテ研究の精神史的文脈』（南窓社、一九九三年）
Die Weiße Rose und das Erbe des deutschen Widerstandes. Münchner Gedächtnisvorlesungen.〔1993〕
Inge Aicher-Scholl (hrsg): Sippenhaft. Nachrichten und Botschaften der Familie in der Gestapo-Haft nach der Hinrichtung von Hans und Sophie Scholl.〔1993〕
Richard von Weizsäcker: Die freiheitliche Demokratie bedarf der Verantwortung und Solidarität ihrer Bürger.（同学社版ドイツ語教科書、一九九三年）（この演説については、雑誌『世界』一九九三年五月号に、永井清彦氏の訳と解説が掲載された）
Hinrich Siefken: Die Weiße Rose und ihre Flugblätter.［1994］

さくいん

【人名】

【事　項】

「白《しろ》バラ」——反《はん》ナチ抵抗運動《ていこううんどう》の学生《がくせい》たち
■人と思想124　　定価はカバーに表示

1995年１月20日　第１刷発行Ⓒ
2016年２月25日　新装版第１刷発行Ⓒ

・著　者 ……………………………… 関《せき》　楠生《くすお》
・発行者 ……………………………… 渡部　哲治
・印刷所 ……………………………… 広研印刷株式会社
・発行所 ……………………………… 株式会社　清水書院

〒102-0072　東京都千代田区飯田橋3-11-6
Tel・03(5213)7151～7
振替口座・00130-3-5283
http://www.shimizushoin.co.jp

検印省略
落丁本・乱丁本は
おとりかえします。

Century Books

Printed in Japan
ISBN978-4-389-42124-3

CenturyBooks

清水書院の〝センチュリーブックス〟発刊のことば

近年の科学技術の発達は、まことに目覚ましいものがあります。月世界への旅行も、近い将来のこととして、夢ではなくなりました。しかし、一方、人間性は疎外され、文化も、商品化されようとしていることも、否定できません。

いま、人間性の回復をはかり、先人の遺した偉大な文化を継承して、高貴な精神の城を守り、明日への創造に資することは、今世紀に生きる私たちの、重大な責務であると信じます。

私たちがここに、「センチュリーブックス」を刊行いたしますのは、人間形成期にある学生・生徒の諸君、職場にある若い世代に精神の糧を提供し、この責任の一端を果たしたいためであります。

ここに読者諸氏の豊かな人間性を讃えつつご愛読を願います。

一九六七年

清水 梼(署名)

SHIMIZU SHOIN